U0142633

都市發展診斷與策略
運用中醫理論解決城市問題

城市醫師 **李淳一** 博士 著

五南圖書出版公司 印行

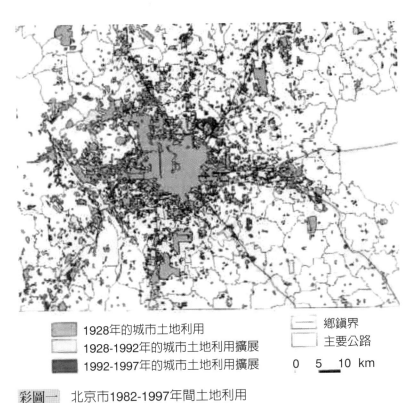

▨ 1928年的城市土地利用	▭ 鄉鎮界	
▯ 1928-1992年的城市土地利用擴展	▭ 主要公路	
▨ 1992-1997年的城市土地利用擴展	0 5 10 km	

彩圖一 北京市1982-1997年間土地利用

資料來源：劉盛和等，〈基於GIS的北京城市土地利用擴展模式〉，地理學報，
2000年7月，第55卷第4期，頁414。

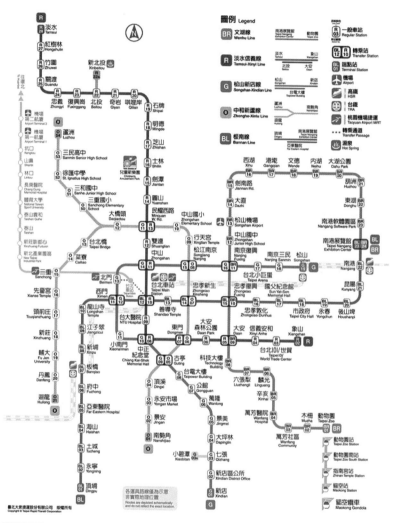

彩圖二　臺北市捷運系統圖

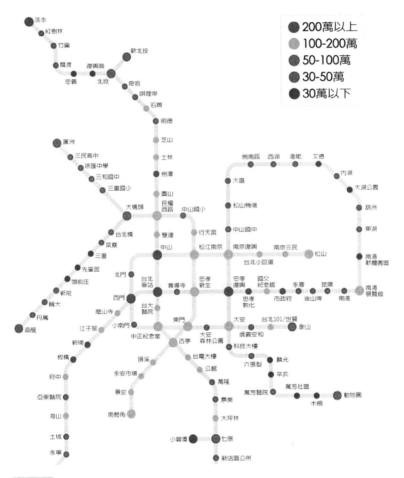

彩圖三 臺北捷運每月運量

（資料來源：http://p.udn.com.tw/upf/newmedia/2016_vist/03/20160325_mrt_06/
index.html）2018.3.22

單位：元/平方公尺	
240,000 以上	
200,001～240,000	
160,001～200,000	
120,001～160,000	
80,001～120,000	
40,001～80,000	
20,001～40,000	
8,001～20,000	
2,001～8,000	
2,000 以下	

彩圖四 臺北市107年公告地價

（資料來源：http://www-ws.gov.taipei/001/Upload/305/relfile/11455/4408/
cd22d028-9606-43a4-8a1f-242814478e1a.pdf）

彩圖五　臺北市子午流注活動圖

（資料來源：作者自製。）

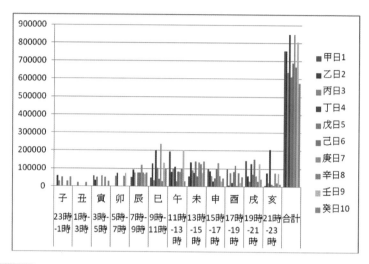

彩圖六 城市重力場值統計（天干）

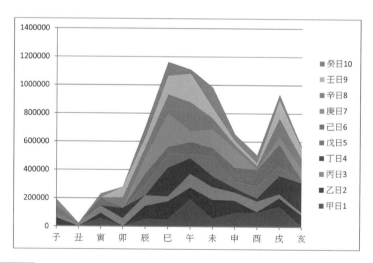

彩圖七 城市重力場值統計（地支）

彩圖八 臺北市重力圖

（資料來源：作者自製。）

推薦序一

　　李淳一先生一生致力於都市的規劃已逾半世紀。先後參贊了李登輝等多位政經領袖。也實際參與了臺北市信義計畫區等多項重大市政建設的規劃與執行。

　　這樣的工作不但要具備現代社會發展的知識、當代營造工程的技術、當地人文社會的底蘊，更要一心沉浸於都市的過去、現在與未來整體面貌的關懷。而其對國家社會的影響更是特別深遠。但更不為人所知的是淳一先生不只運用當代的知識與技術，他還應用傳統中醫的智慧於整體都市的規劃。

　　所以這套經世濟民的學問從來都只有在少數菁英之間傳承。這些菁英也深諳「有道則仕，無道則隱」的哲理。如今淳一先生願意將此奧妙公開討論，是國家社會之福，也是治世的象徵。

當代漢醫苑中醫診所院長
臺北醫學大學助理教授

郭育誠　醫師
2018.7.23

推薦序二

　　李淳一博士是一位資深的都市規劃師，歷任內政部營建署科長，立法院法制局研究員、主任及簡任祕書等公職，退休後仍持續以都市計畫技師執業，參與各項都市計畫規劃顧問工作，並在大學任教。此期間多年另行研習中醫，於1994年中醫師檢定合格，其長期致力於跨領域專業研究的精神，令人敬佩。淳一兄並於2017年獲得中華民國地區發展學會為執業的都市計畫技師所設立的「金規獎」，獲得業界的肯定，誠然實至名歸。

　　而今，淳一兄將多年來融合城市治理與中醫診治理論的八篇撰述集結成冊，並以《都市發展診斷與策略：運用中醫理論解決城市問題》為書名，其中對城市發展面臨的問題，用中醫的觀點加以對照理出分析架構，並以臺灣的五大城市為例加以耙梳，舉凡經絡、子午流注、重力場、脈象、精神等詳加列表分析判定，到加以調出治理方劑（藥方），並期許將城市發展問題給予有效治療，加上城市有機體本來的復原與再生機制，使城市恢復生機持續發展。已然具有自成一家之說的理氣。

　　個人因不懂中醫，自然無法對淳一兄的論述內容作實質評斷，但對其耗費巨大心力蒐集依中醫理論對照的臺灣五大城市發展指標與各項人文社經資料，以現代邏輯加以表格化呈現，並進而推論提出對各個城市發展特性與方向的見解分析及建議，則更

是折服！

　　因此，本人得以在本書出版前先讀為快，讚嘆之餘，樂為之序。

曾參寶　博士
財團法人中興工程顧問社董事長
2018.08.06

自 序

　　城市如同人體一樣，爲一有機體。本書係依據中醫理論，將城市當作一個人，如有疾病予以診斷並治療。全書共分八章：第一章臺灣五大都市之診治——以中醫理論爲基礎，介紹基本理論，並以臺灣五都做案例分析，發表於2016年浙江大學第一屆城市管理年會。第二章城市經絡，介紹城市的12經絡。第三章城市的子午流注——臺北市爲例，借助中醫針灸理論，將城市五俞穴導出，以作爲城市管理依據，發表於2017年華東理工大學第二屆城市管理年會。第四章城市重力場，係借助愛因斯坦相對論重力場理論，利用經絡共振原理，計算城市重力數，以作爲城市管理監控指標。第五章城市脈象，將城市把脈，以車流量代表血脈加以診斷。第六章城市精神，首先介紹五大城市精神，其次介紹五都情治。第七章城市治理方劑，運用中醫汗、吐、下、和、溫、清、補、消等八種治療方法，導出城市治理方法。第八章城市的復原，借助詹森博士虹膜學復原理論闡明城市受創後復原之情況並舉5例說明。雖篇數不多，但言簡意賅。爲筆者多年研究中醫與都市心得，尚屬首創。希望建立一套都市管理新理論。感謝郭育誠博士醫師賜序。個人才疏學淺，不惴鄙陋，尚祈讀者批評指教。

Introduction

A city just like a human body is an organism.according to the Chinese medicine let the city as a human, when who has disease then diagnosis and treatment. There are eight parts of this book.The first part is "Five Major Cites of Taiwan Diagnosis and Treatment-Base on Traditional Chinese Medicine." that is introduce theory of chinese medicine and uesing Taiwan five city as a example .which presented on the conference of the fist urban management in 2016 on Zhejiang University. The second part is "urban meridiam." that introduce the12 meridiams. The third part is "midnight-noon and ebb-flow doctrine of city-A case study of Taipei." According to the Chinese medicine acupuncture theory of midnight-noon and ebb-flow doctrine for base and expot the five needle moxibustion shu points of city.which is the base of urban management. That presented on the conference of the secomd urban management in 2017 on East China University of Science and Technology University.The forth part is "Urban gravitational field." that with the aid of Robert Einstein "Gravitational field theory" of the generalized theory of relativity, uesing the meridian consonance expot the value of the urban gravity for the index of urban management. The fifth part is "urban pulse."

introduce the pulse which by traffic flow.The six part is "urban spirit." that introduce two kinds: first to explain the urban spirit of Taiwan five cities.the next is to introduce the five cities mayor body and spirit.The finaly part is "Urban governance prescriptions." by the principle of Chinese medicine treatment of disease known as the inside rule, sweat, spit, down, mix, warm, clear, fill, distribution eight methods. to expot the methods of urban management. The finaly part is "Urban Healing." that with the aid of Dr.Bernard Jensen: "Healing principal of "IRIDOLOGY"amd take 5 cases for eximples. Although the number of this book is small，but succinctly. For many years of my study of Chinese medicine and Urban experience, is still the first, hoping to establish a new theory of urban management, individual talent sparse, shallow, yet readers are welcome criticism. I am very grateful to Dr. Yucheng Kuo for giving me Guidance and preface.

目錄

說明：民國106年12月16日中華民國地區發展
　　　學會頒給作者金規獎以表揚其對都市管
　　　理創新之貢獻。

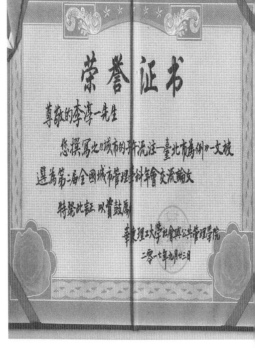

說明：2017年9月23日，上海華東理工大學頒給作
　　　寫城市的子午流注論文證書。

第 1 章

臺灣五大都市之診治

以中醫理論為基礎

（Five Major Cities of Taiwan Diagnosis and Treatment-Base on Traditional Chinese Medicine）

摘　要

　　本文鑑於長久以來都市規劃後，對於都市之治理尚無一套體系可供治理之操作。傳統上以行政管理處之，如市政學，再分別於民、財、建、教各專業加以管理。

　　然而，都市為一有機體，各部門有如人體之組織，故可以診斷與治療。故本文試圖以中醫理論做基礎，並對應都市各部門。以中醫診斷與治療之原理來診斷城市是否健康良好，若有不適，即予以提出理、法、方、藥加以治療（理）。

　　本章共分以下單元：壹、前言；貳、中醫基礎理論；參、都市結構；肆、都市十二經脈與五行、經絡、八綱；伍、人體病機與都市問題關聯；陸、中醫治則；柒、都市診治；捌、小結；玖、建立指標；拾、五都診斷；拾壹、五都處方箋；最後拾貳、結論，並對其都市問題提出治理建議，以供管理者參考，敬請專家學者不吝指教。

關鍵詞：都市診治、中醫理論、都市結構、都市系統、人體病機、
　　　　都市問題。

壹、前言

　　都市為一有機體，形同人體，本文借助傳統中醫理論，即結構上的整體性、功能上的整體性、病理上的整體性、診斷上的整體性、治療上的整體性，以及強調人與天地自然的和諧（天人合一）。《黃帝內經靈樞第十卷·邪客第七十一》[1]：「天圓地方，人頭圓足方以應之；天有日月，人有兩目；地有九州[2]，人有九竅；天有風雨，人有喜怒；天有雷電，人有聲音；天有四時，人有四肢；天有五音，人有五臟；天有六律[3]，人有六腑；天有冬夏，人有寒熱；地有高山，人有肩膝；地有深谷，人有腋膕；地有十二經水，人有十二經脈；地有泉脈，人有衛氣；地有草蓂，人有毫毛，……此人與天地相應者也。」

　　聯合國人類居住中心《關於健全的城市管理規範：建設「包容性城市」的宣言草案》對城市管理有如下定義：「城市管理是個人和公私機構用以規劃和管理城市公共事務眾多方法的總和。它是一個解決各種衝突或不同利益以及採取合作行動的持續過程，包括正式的制度，也包括非正式的安排和公民社會資本。」其中強調了作為人的各類利益相關者在城市管理中的參與。作為

1　楊維傑編譯（2006），《黃帝內經靈樞譯解》，臺北：志遠書局，第491頁。《黃地內經》包含《素問》與《靈樞》二書（BC2697-BG2597），共18卷162篇，是現存最早中醫理論著作，也是春秋戰國前醫療經驗和理論知識的總結，創建相應的理論體系和防治疾病的原則與技術。

2　古代的地區名稱，冀、袞、青、徐、揚、荊、豫、梁、雍等九州。

3　六律是古代音階的規律，即黃鐘、太簇、姑洗、蕤賓、夷則、無射等屬陽稱六律，另有屬陰稱六呂。

複雜系統的人及其利益和意識的參與，也進一步增加了城市管理系統的複雜性。丁成日教授所撰《都市發展——制定計畫的邏輯》一書中的序言提到：「由於都市設計和物質規劃很少考慮市場力量，以它們為基礎的城市規劃所帶來的城市空間不能最大地發展土地資源和資本在空間配置上的效率。」因此，本文拋磚引玉，期盼更多有助於都市管理的方法。[4]將都市各項機能，回歸為天地，予以對應人，而以診斷，並予以治理，使都市達於永續成長之境地。

一、文獻回顧

　　1.李長晏〈都市治理的研究與發展趨勢〉，[5]2.徐吉志蕙蘋〈都市治理之基本意含與發展〉[6]，3.謝俊義〈都市治理的矩陣代數：衝突、競爭與合作〉[7]，4.陳建元〈變遷的公共財理論與都市治理結構——從新古典到新制度經濟學之引介〉[8]，5.謝俊義《地方與都市治理的政策與管理——循證基礎觀點》[9]。

---

[4] 都市管理：http://baike.baidu.com/view/1510516.htm (2016.04.04)。

[5] 第七屆地方治理與城鄉發展學術研討會。lgcd.hcu.edu.tw/ezcatfiles/b085/img/img/1231/B2-1.pdf (2016.4.13)。

[6] www2.thu.edu.tw/~sosc/urc.files/download/110401.pdf (2016.04.14)。

[7] 謝俊義（2008）〈都市治理的矩陣代數：衝突、競爭與合作〉，公共行政學報第29期第153～158頁。

[8] 陳建元（2010）〈變遷的公共財理論與都市治理結構——從新古典到新制度經濟學之引介〉，地理學報第58期第65～88頁。

[9] 謝俊義（2015）《地方與都市治理的政策與管理——循證基礎觀點》，臺北：五南圖書。傳統皆以行政管理處之。

二、宜居城市的標準

2007年中國建設部以：1.社會文明度，2.經濟富裕度，3.環境優美度，4.資源承載度，5.生活便宜度，6.公共安全度，7.綜合評價否定條件等，作爲宜居城市評價指標體系[10]。英國經濟學人每年公布其對全球主要城市所進行之宜居性調查的結果報告，各城市就5個大類共30個定性或定量因素進行評比。由位於美國紐約的美世諮詢每年公布的生活質素調查，爲求客觀，目前訂定10個分類共39項目，各項評分以紐約訂爲100分，參評城市再與紐約評比，所得分數之平均值爲該城市的得分。

三、2015美世生活質素調查

（一）城市（國家）

1.維也納（奧地利）；2.蘇黎世（瑞士）；3.奧克蘭（紐西蘭）；4.慕尼黑（德國）；5.溫哥華（加拿大）；6.杜塞道夫（德國）；7.法蘭克福（德國）；8.日內瓦（瑞士）；9.哥本哈根（丹麥）；10.雪梨（澳大利亞）。

（二）評估項目

1. 政治與社會環境（Political and Social Environment）：與其他國家的關係（Relationship with other Countries）、內部穩定（Internal Stability）、犯罪（Crime）、執法（Law Enforcement）、出入境便利程度（Ease of Entry and Exit）。

---

[10] http://baike.baidu.com/view/7278372.htm (2016.04.16)。

2. 經濟環境（Economic Environment）、貨幣兌換規定（Currency Exchange Regulations）、銀行服務（Banking Services）。

3. 社會文化環境（Socio-Cultural Environment）、個人自由的限制（Limitation on Personal Freedom）、媒體與審查（Media and Censorship）。

4. 醫療與健康相關（Medical and Health Considerations）、醫院服務（Hospital Services）、醫療用品（Medical Supplies）、傳染病（Infectious Diseases）、供水（Water Portability）、汙水（Sewage）、垃圾清理（Waste removal）、空氣汙染（Air Pollution）、惱人或破壞性的動物與昆蟲（Troublesome and Destructive Animals and Insects）。

5. 學校與教育（Schools and Education）、學校（Schools）。

6. 自然環境（Natural Environment）、氣候（Climate）、自然災害紀錄（Record of Natural Disasters）。

7. 公共服務與交通（Public Services and Transport）、電力（Electricity）、可用水（Water Availability）、電訊（Telephone）、郵政（Postal）、公共運輸（Public Transport）、交通壅塞（Traffic Congestion）、機場（Airport）。

8. 娛樂（Recreation）、餐廳多樣性（Variety of Restaurants）、戲劇與音樂表演（Theatrical and Musical Performances）、電影院（Cinemas）、運動與休閒活動（Sport and Leisure Activities）。

9. 消費品（Consumer Goods）、肉品和魚類（Meat

and Fish）、水果和蔬菜（Fruits and Vegetables）、日常消費項目（Daily Consumption Items）、酒精飲料（Alcoholic Beverages）、汽車（Automobiles）。

10. 住房（Housing）、家電與家具（Household Appliances and Furniture）、房屋維修（Household Maintenance and Repair）.[11]。

貳、中醫基礎理論

中醫學是中國關於人體生理，病理，疾病的診斷與防治，以及攝生康復，具有獨特理論體系的一門傳統醫學科學。蘊含著中國傳統文化的豐富內涵，充分體現出中國傳統文化的背景和特點。[12]

它的特性如下：整體性、人文性、承傳性。亦已包含了生理學、診斷學與防治學。

中醫的哲學思想包括：「氣一元論」，係指物質、精神現象。「陰陽學說」指陰陽對立、陰陽互根、陰陽消長、陰陽轉化。「五行學說」指木、火、土、金、水、是其基本。其大要爲：

1. 臟腑學說：五臟六腑。

2. 經絡學說：十二正經和奇經八脈。

---

[11] https://zh.wikipedia.org/wiki/%E4%B8%96%E7%95%8C%E6%9C%80%E4%BD%B3%E5%AE%9C%E5%B1%85%E5%9F%8E%E5%B8%82(2016.4.16)。

[12] 李德新(2006)：《中醫基礎理論》，臺北：合記圖書出版社，第2頁。

3. 病因病機：(1)內因、外因、不內外因《金匱要略》。
(2)發病、病變、病程變化。

4. 養生與防治：包括養生、預防、治則。理、法、方、藥為
診斷與治療操作之四大要素。

5. 中醫治未病：《黃帝內經素問‧四氣調神大論》：「故聖
人不治已病，治未病，不治已亂，治未亂，此之謂也。」

它的涵義非常廣泛，可以分為「未病先防」、「既病防
變」、「病後康復」三個層次。中醫健康管理就是是運用中醫學
「治未病」、「辨證論治」的核心思想，結合現代健康管理學的
理論方法，透過對健康人群、亞健康人群和患病人群，進行中醫
的全面信息採集、監測、分析、評估，以維護個體和群體健康為
目的，提供中醫方面的健康諮詢指導、中醫健康教育以及對健康
危險因素進行中醫相關的各種干預。

參、都市結構

一、都市結構

包括如下項目：地理、歷史文化、人口、土地、交通、土地
使用、能源、上下水道。

二、都市系統[13]

都市系統中重要分子為人口、產業、土地使用、公共設施、

---

[13] 倪世槐譯（1972）（J. Brian McLaughlin(1968) :Urban and Regional
Planning-A Systems Approach）《都市及區域之系統規劃原理》，臺北：
幼獅文化，第52頁。

交通。

肆、都市十二經脈與五行、經絡、八綱

一、都市12經脈

　　《黃帝內經靈樞・卷三・靈蘭祕典論篇第八》：「黃帝問曰：願聞十二藏之相使，貴賤何如。歧伯對曰：悉乎哉問也，請遂言之。心者(1)，君主之官也，神明出焉。肺者(2)，相傅之官，治節出焉。肝者(3)，將軍之官，謀慮出焉。膽者(4)，中正之官，決斷出焉。膻中者(5)，臣使之官，喜樂出焉。脾胃者(6)，倉廩之官，五味出焉。大腸者(7)，傳導之官，變化出焉。小腸者(8)，受盛之官，化物出焉。腎者(9)，作強之官，伎巧出焉。三焦者[14](10)，決瀆之官，水道出焉。膀胱者(11)，州都之官，津液藏焉，氣化則能出矣。」對照於都市之機體如圖1-1、表1-1：

---

[14] 三焦者，水穀之道路，氣之所終始也。從部位而言，上焦一般指胸膈以上部位，包括心、肺在內；中焦指膈以下、臍以上部位，包括脾、胃等臟腑；下焦指臍以下部位，包括腎、膀胱、小腸、大腸（以病理生理言，還包括部位較高的肝，故下焦往往肝腎並提）。從功能而言，《靈樞・營衛生會篇》指出「上焦如霧」（主要指心肺的輸布功能）、「中焦如漚」（指脾胃的消化傳輸功能）、「下焦如瀆」（指腎與膀胱的排尿功能，並包括腸道的排便作用），這些功能實際上就是體內臟腑氣化功能的綜合，故三焦的功能，概括而言是受納水穀，消化飲食，化生氣血精微物質，輸送營養，排泄廢料。三焦的「焦」字有「熱」的涵義，這種熱來源於命門之火，是通過氣化的作用來體現的。http://cht.a-hospital.com/w/%E4%B8%89%E7%84%A6(2016.04.16)。

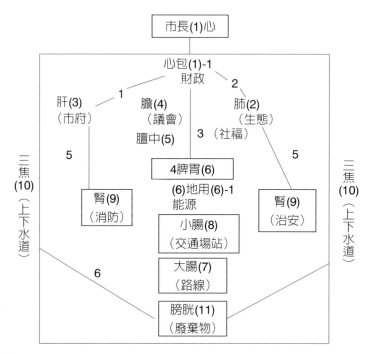

圖1-1　都市機體示意圖

說明：(1) 腦為奇桓之府，市長為首，神明出焉—心。

(1)-1財政為庶政之母，心包代之—心包。

(2) 市生態為相傳之官，治節出焉—肺。

(3) 市府為將軍之官，市政謀慮出焉—肝。

(4) 市議會為中正之官，決斷出焉—膽。

(5) 社會福利為臣使之官，喜樂出焉—膻中。

(6) 能源與土地利用為倉廩之官，五味出焉—脾胃。

(7) 交通路線為傳導之官，變化出焉—大腸。

(8) 交通場站為受盛之官，化物出焉—小腸。

(9) 治安、消防為作強之官，伎巧出焉—腎。

(10) 上下水道為決瀆之官，水道出焉—三焦。

(11) 廢棄物為州都之官，津液藏焉—膀胱。

數字代表經絡：1：心肝經；2：心肺經；3：心脾經；4：脾胃經；5：心腎經；6：膀焦經。

表1-1　都市臟腑表

臟（靜）（實）陰經	腑（動）（虛）陽經
肝（市府）(3)	膽（市議會）(4)
心（市長）(1)	小腸（交通場站）(8)
脾（能源）(6)-1	胃（土地使用）(6)
肺（生態）(2)	大腸（交通路線）(7)
腎（治安、消防）(9)	膀胱（廢棄物）(11)
心包（稅賦）(1)-1	三焦（上下水道）(10)

二、都市五行（圖1-2）

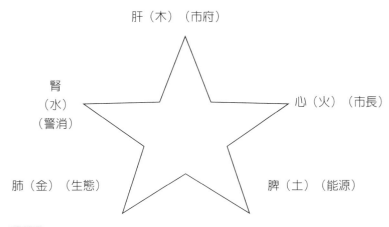

肝（木）（市府）

腎
（水）
（警消）

心（火）（市長）

肺（金）（生態）

脾（土）（能源）

圖1-2　都市五行圖

（一）說明

1. 中醫

(1) 相生：木生火，火生土，土生金，金生水，水生木。

(2) 相剋：木剋土，火剋金，土剋水，金剋木，水剋火。

(3) 都市之氣血精津液（交通運輸、財政、地理、生態）。

(4) 都市之任督二脈：氣候為督，歷史古蹟為任。

2. 都市相生

(1) 肝為市政府，由心市長主導，心包為財政。

(2) 心包財政，財政足，則脾能源控制良好。

(3) 脾能源控制良好，則肺都市生態良好。

(4) 肺都市生態良好，則腎都市警消自然易管。

(5) 都市警消良好，人就搬入都市，則市政優良。

3. 都市相剋

(1) 肝為市府，制定土地使用管制規則，管理都市土地，控制能源之使用。

(2) 心市長控制都市生態，使之市民有良好生態環境。

(3) 脾能源控制消防以減少危害。

(4) 金都市生態之良否，影響市政之好壞。

(5) 腎都市警消事務，決定市長之去留。

三、都市經絡（六條）

1. 心與肝──都市心肝（市長與市府）經。

2. 心與肺──都市心肺（市長、生態）經。

3. 心與脾——都市心脾（市長與能源）。

4. 脾胃生理——都市脾胃（能源與土地利用）經。

5. 心腎關係——都市心腎（市長與警消）經。

6. 膀焦——都市膀焦（廢棄物與汙水）經。

四、都市八綱

傳統醫學之八綱爲「陰、陽、表、裡、寒、熱、虛、實」。人體生命活動正常是由於陰陽保持對立統一的平衡，及「陰平陽祕」。如果因某種因素，使這種陰陽平衡遭到破壞，人體就要發生疾病，出現「陰勝則陽病」、「陽勝則陰病」，「陽勝則熱」、「陰勝則寒」。凡人之病，不外乎陰陽。而陰陽之分。總不離表、裡、虛、實、寒、熱六字盡之。夫裡爲陰，表爲陽，虛爲陰，實爲陽，寒爲陰，熱爲陽。[15]

1. 都市之陰陽：日間人口爲陽，夜間人口爲陰。

2. 都市之表裡：基礎產業[16]（動態），代表表；非基礎產業（靜態），代表裡。基礎大於非基礎爲表，反之爲裡。

3. 都市寒、熱：從質看，0～14歲人口比65歲以上人口比例多爲熱，反之則爲寒。

4. 都市虛、實：從量看，人口增加爲實，減少爲虛。

---

[15] 清江涵敦《筆花醫鏡》，臺北：文光圖書，第4頁。

[16] 區位商數大於1者爲基礎產業。$SLQ = (x r i / X r) / (x N i / X N)$ x r i 表示R區域中第i產業產出；x N i 表示全國中第i產業產出；X r表示R區域中所有產業之產出；X N表示全國所有產業產出。

伍、人體病機與都市問題之關聯

《皇帝內經素問・至眞大要論第七十四》

1. 諸風掉眩，皆屬於肝（市府貪汙，效率不彰）。

2. 諸寒收引，皆屬於腎（治安敗壞，犯罪四起）。

3. 諸氣膹鬱，皆屬於肺（生態破壞，環境惡臭）。

4. 諸溼腫滿，皆屬於脾（土石流下，淹水積水）。

5. 諸熱瞀瘛，皆屬於火（財政枯竭，百廢待興）。

6. 諸痛癢瘡，皆屬於心（市長無能，市政俱廢）。

7. 諸厥固泄，皆屬於下（廢棄物多，未善處理）。

8. 諸痿喘嘔，皆屬於上（空氣汙染，未能解決）。

9. 諸禁鼓慄，如傷神守，皆屬於火（社會問題，未能解決）。

10. 諸痙項強，皆屬於溼（驟雨淹水，經日未退）。

11. 諸逆衝上，皆屬於火（噪音橫行，無予管制）。

12. 諸脹腹大，皆屬於熱（水庫缺水，無水可喝）。

13. 諸躁狂越，皆屬於火（突發火災，市民損失）。

14. 諸暴強直，皆屬於風（颱風來襲，損失慘重）。

15. 諸病有聲，鼓之如鼓，皆屬於熱（災民安置，未能妥善）。

16. 諸病腑腫，疼酸驚駭，皆屬於火（盜賊橫行，未能制止）。

17. 諸轉反戾，水液混濁，皆屬於熱（交通擁擠，混亂不堪）。

18. 諸病水液，澄澈青冷，皆屬於寒（房價高漲，一屋難求）。

19. 諸嘔吐酸，暴注下迫，皆屬於熱（公設不足，居民不便）。

故大要曰，謹守病機，各司其屬，有者求之，無者求之，盛者責之，虛者責之，必先五勝，疏其血氣，令其調達，而致和平，此之謂也。

陸、中醫治則[17]

一、正治、反治

（一）正治：寒者熱之，熱者寒之，虛則補之，實則瀉之。

（二）反（從）治：

1.熱因熱用：用熱性藥物治療假熱。

2.寒因寒用：寒性藥物治療假寒。

3.塞用塞用：補益藥治虛性閉塞不通，如血虛閉塞，補血。

4.通因通用：通利藥治實性通泄症狀，如活血化瘀，治血崩漏。

（三）標本緩急：緩則治本，急則治標。

（四）標本兼治。

（五）扶正袪邪：補其不足，瀉其有餘。

（六）調整陰陽：陰陽格拒一反治法，即陰盛格陽的眞寒假熱，用熱因熱用；對陽盛格陰的眞熱假寒，用寒因寒用。

（七）三因制宜：因人、時、地不同而調整。

（八）諸氣治法[18]：

---

[17] 周學勝（2006），《中醫基礎理論》，臺北：大孚書局，第31頁。

[18] 清、吳謙著、李一宏、黃香珍編(1991)，《雜病心法》，臺北：志遠書局，第106頁。

1. 寒者熱之：麻黃、理中是也。

2. 熱者寒之：白虎、生脈是也。

3. 結者散之：越鞠、解鬱是也。

4. 上者抑之：蘇子降氣是也。

5. 下者舉之：補中益氣是也。

6. 驚者平之：鎮心、妙香是也。

7. 喜以恐勝，悲以勝喜。

8. 勞者溫之：短氣、少氣者補之，保元，四君是也。

柒、都市診治

一、建立指標

（一）府會：行政效率高。

（二）市民：友善和諧。

（三）交道：便利順暢。

（四）不動產：合理價位。

（五）經濟：繁榮發展。

（六）治安：良好安寧。

（七）廢棄物處理：妥適安全。

（八）環境：寧適佳境。

二、都市治療（表1-2）

表1-2　都市治療表

診斷	治則	治療（經營管理）
1.市府、市議會行政效率差？	正治	・提高行政效率，加強為民服務。
2.都市經濟差？	標本緩急	・先治失業人口（標）再提高就業機會（本）
3.都市人口老化？	標本緩急 扶正袪邪	・鼓勵生產（本），再增加社會福利（標）
4.都市環境差？	因地制宜	・都市計畫具防災空間 ・敏感地區土壤液化作檢討改善
5.都市治安防災差？	塞因塞用	・加強警勤防制及服務
6.都市交通擁擠？	通因通用 調整陰陽	・壅塞地區，以增加路網，調整土地使用，開闢馬路 ・無車地段：疏導車輛進入
7.房價之合理？	因地利宜	・課徵豪宅稅及空屋稅 ・興建低收入社會住宅補助
8.能源是否節約？		・能源管理及再生能源 ・提升建築物能源利用效率 ・利用大眾運輸工具減低能源與空氣汙染

捌、小結

　　中醫理論博大精深，中國人與人類集居都市，皆已五千多年，故都市生生不息如人類一樣，引用中醫理論可以得心應手，且可以彈性使用。茲將本篇總結如下：

1. 都市經營管理概念（如圖1-3）。

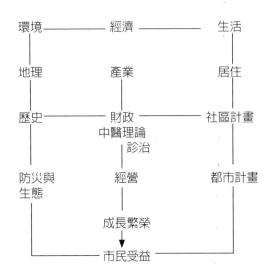

圖1-3　都市經營管理圖

2. 經營與管理是一體二面，前者為動態，後者為靜態，以靜態為基礎，以動態為變化，則「天行健，君子自強不息」，都市有如人體生生不息，繁衍子孫矣！

3. 都市養生：都市與人體一樣，亦須予以養生，養生者即預防疾病發生，首先重視市民之意見，注重市民活動習慣，防止社會發生天然或人為之災變，若變即速予以治療，則都市永續經營矣！

玖、建立指標

按照都市五臟六腑項目，建立評量指標（自我評比與外部評比），由於資料蒐集關係，以民國102年（2013）及104年（2015）五都與臺灣地區為比較。

一、五都八綱（表1-3）

表1-3　五都八綱

項目	年度	臺灣地區	臺北市	新北市	臺中市	臺南市	高雄市	說明
陰陽	102	V1.47	V1.46	V1.43	V1.47	V1.25	V1.46	資料來源：行政院主計總處政府統計（日間人口/戶籍人口）>1.17倍為陽（參考許真怡撰臺中市日間人口推估之研究，逢甲都研所，2014）E（日間人口）=B（基礎產業人口）+(a（居住）b（非基礎/居住）/1- ab) B+戶籍人口
陰陽	104	(V1.47)	(V1.23)	(V1.49)	(V1.27)	(V1.26)	(V1.47)	
表裡	102	V6434（千人）> 4502（千人）	V1003 > 243	V1223 > 687	V764（非基）> 512	V472（非基）>452	V1255>38	資料來源：同上 基礎產業（依三種產業之區位商數）大於非基礎產業，反之為裡

（接下頁）

（承上頁）

表裡	104	(V6609 >4590)	(V1032 >243)	(V1242 >703)	V788 (非基) >513	(V480 (非基 >469)	(V799>517)	資料來源
熱 0-14	102	v14.3%	v14.2%	v13.7%	v15.7%	v13.4%	v19.8%	資料來源：縣市統計 依人口三級結構0-14>65以上為熱，反之為寒
1 5-64		74.0%	72.2%	77.8%	76.0%	74.4%	68.8%	
65老		11.5%	13.5%	9.4%	8.34%	12.2%	11.4%	
熱寒	104	(v13.57)	(13.95)	(v13.02)	(v14.98)	(12.76)	(12.58)	
		73.92	(71.29)	76.17	((74.73)	(74.15)	(74.81)	
		(12.51)	(v14.76)	(10.81)	(10.29)	(v 13.09)	(v12.61)	
虛實	102	V 2.5‰	V 4.97‰	V 3.97‰	V12.77‰	V 4.03‰	V0.44‰	資料來源：內政部統計 依人口成長率大於全臺灣者為實
虛實	104	（V2.49）	(v0.92)	(v0.96)	(v9.05)	(v0.67)	(v-0.03)	

二、五都十二經脈

表1-4　五都十二經脈

項目	年度	臺灣地區	臺北市	新北市	臺中市	臺南市	高雄市	說明
肺	102	4.23	2.64	2.14	4.27	5.03	9.26	*1
	103	4.31	2.69	2.18	4.33	5.13	9.47	
大腸	102	15.1	8.54	9.49	21.9	23.4	19.2	註1
	103	15.08	8.89	9.57	22.8	23.18	19.23	
胃	102	12.7%	100.0%	60.7%	22.7%	23.92%	14.2%	註2
	103	12.8%	100.0%	60.8%	24.2%	24.0%	14.2%	
脾	102	572	1020	808.2	440.5	373.3	464	註3
	103	565	1030.6	811.72	251	177.9	330.2	
心	99年選（101年選）	51.6%	55.65%	52.69%	51.12%	60.41%	52.8%	
	103年選（101年選）	51.6%	57.16%	50.06%	57.06%	72.9%	68.09%	註4

（接下頁）

（承上頁）

	年							
小腸	102	267.19	255.44	212.53	311.69	277.57	256.53	註5
	103	273.72	259.87	217.37	318.51	285.29	261.99	
膀胱	102	0.39	0.27	0.28	0.38	0.38	0.42	註6
	103	0.38	0.28	0.27	0.39	0.37	0.40	
腎	102	3,464.2 / 56.72	4,567.96 / 58.7	2,616.17 / 53.05	3,403.19 / 43.6	3,206.58 / 49.17	3,528.21 / 52.49	註7
	103	3,486.16 / 57.5	6,596.09 / 58.1	2,672.37 / 53.62	3,477.2 / 47.58	3,244.74 / 49.62	3,535.35 / 52.39	
心包	102	74,603.88	246,635.52	51,690.84	53,387.45	33,368.72	52,990.2	註8
	103	80,112.62	259,217.22	55,820.24	56,603.93	35,676.57	59,046.91	
三焦	102	91.56% / 35.14%	99.6% / 100%	99.1% / 55.65%	90.4% / 14.7%	98.9% / 19.2%	84.34% / 50.0%	*2
	104	92.18% / 40.93%	99.6% / 117.02%	91.6% / 70.71%	91.88% / 17.83%	98.99% / 22.86%	84.92% / 56.53%	
膽	102	241	240	300	654	865	318	*3
	104	410	322	500	269	143	818	

（接下頁）

（承上頁）

年							*4
102	74.4	58.1	89.1	174.49	163.12	142.94	
104	67.6	109.4	190	171	160.9	149.3	

資料來源：*1縣市統計（每萬人公園綠地面積公頃）

　　　　　*2經濟部：（自來水普及率）；營建署：公共污水下水道普及率

　　　　　*3立法院/各地方議會議事錄/審議案件數

　　　　　*4銓敘部（每位公務人員服務市民數）

註1：道路面積平方公尺/人

註2：都市計畫面積比

註3：經濟部能源統計（102年每人4934公升、103年每人4914公升油當量*人口/都計都市發展用地）公秉油當量/每公頃

註4：首長選舉得票率

註5：小汽車輛數/千人

註6：垃圾清運量公斤/每日每人

註7：警政支出/人：消防人員/每十萬人

註8：元/平均每人稅賦

拾、五都診斷

一、就陰陽而言（參見表1-3）：五都皆屬於陽，也就是日間人口皆大於夜間人口，屬於蓬勃發展之城市。

二、就表裡而言：臺中市及臺南市非基礎產業人口大於基礎產業人口數外，其餘皆屬於表的城市。

三、就寒熱而言：102年五都0～14歲年齡層皆大於65歲以上人口，屬於熱的城市。但104年臺北市、臺南市及高雄市轉為寒的城市，也就是65歲以上的年齡層比0～14歲多，轉入老化現象。

四、就虛實而言：102年除高雄市人口成長不如臺灣地區為虛外，其餘為實。104年增加臺北市及新北市與臺南市。

五、就五都八綱而言：二個年期相較，臺北市由陽表熱實轉為陽表寒虛；新北市：陽表熱實；臺中市陽裡熱實不變；臺南市陽裡熱虛轉為陽裡寒虛；高雄市陽表熱虛轉為陽表寒虛。

六、就五都十二經脈而言（參見表1-4、表1-5）：

（一）肺（每人公園面積）：臺北市及新北市不及臺灣。

（二）大腸（每人道路面積）：臺北市及新北市不及臺灣。

（三）胃（都計面積比）：五都皆超出臺灣。

（四）脾（都市發展地區能源消耗）：臺北市及新北市大於臺灣。

（五）心（首長得票率）：102年臺中市、104年新北市不及總統大選。

（六）小腸（汽車持有數）：除臺中市、臺南市外，其餘不

及臺灣。

（七）膀胱（每人每日垃圾清運量）：102年高雄市大於臺灣，104年臺中市、高雄市皆大於臺灣。

（八）腎（以每十萬人消防人員數）：二個年度除臺北市外，其餘皆不及臺灣。

（九）心包（平均每人稅賦）：臺北市超過臺灣，其餘都市皆少於臺灣。

（十）三焦（公共汙水下水道普及率）：臺中市及臺南市二年皆不及於臺灣。

（十一）膽（議會該年度審查議案數）：102年臺北市議會不及立法院。104年臺北市、臺中市及臺南市等議會不及立法院。

（十二）肝（每位公務人員服務民眾數）：102年除臺北市外，其餘皆超出臺灣；104年五都皆超出臺灣。

（十三）總論：以104年觀察；臺北市、新北市有七項不及格；臺中市六項不及格；臺南市、高雄市有四項。

（十四）若以都市12經脈行效率觀之（參見表1-6）：高雄市第一、臺北市第二，新北市、臺南市、臺中市等而次之。

表1-5 五都十二經脈檢核表

12經絡	臺灣	臺北市	新北市	臺中市	臺南市	高雄市
1.肺	4.23	2.64	2.14	4.27	5.03	9.26
	4.31	2.69	2.18	4.33	5.13	9.47

（接下頁）

（承上頁）

2.大腸	15.1	8.54	9.49	21.9	23.4	19.2
	15.08	8.89	9.57	22.8	23.18	19.23
3.胃	12.70%	100.00%	60.70%	22.70%	23.92%	14.20%
	12.8%	100.0%	60.8%	24.2%	24.0%	14.2%
4.脾	572	1020	808.2	440.5	373.3	464
	565	1030.6	811.72	251	177.9	330.2
5.心	51.60%	55.65%	52.69%	51.12%	60.41%	52.80%
	51.6%（103年選）	57.16%	50.06%	57.06%	72.9%	68.09%
6.小腸	267.19	255.44	212.53	311.69	277.57	256.53
	273.72	259.87	217.37	318.51	285.29	261.99
7.膀胱	0.39	0.27	0.28	0.38	0.38	0.42
	0.38	0.28	0.27	0.39	0.37	0.40
8.腎*	56.72	58.7	53.05	43.6	49.17	52.49
	57.5	58.1	53.05	43.6	49.17	52.49
9.心包**	7.50	24.6**	5.10	5.30	3.30	5.20
	8.0	25.9	5.58	5.66	3.57	5.9
10.三焦***	35.14%	100%	55.65%	14.70%	19.20%	50.00%
	40.93	117.02	70.71	17.83	22.86	56.53
11.膽	241	240	300	654	865	318
	410	322	500	269	143	818
12.肝	74.4	58.1	89.1	174.49	163.12	142.94
	67.6	109.4	190	171	160.9	149.3

註：依表1-4製作*以消防人員數。**稅賦負擔重。***公共下水道普及率。底線
　　處表示比全臺差。單位萬元。

表1-6 五都12經脈循行商數[19]

12脈	臺灣	臺北市	新北市	臺中市	臺南市	高雄市
1.心	51.1%	50.1%(0.97)	50.06%(0.97)	57.06%(1.1)	72.9%(1.41)	68.09%(1.33)
2.肝	67.6 （低於此數為佳）	109.4(-1.61)	190(-2.89)	171(-2.53)	160.9(-2.38)	149.3(-0.22)
3.膽	410	322(0.79)	500(1.22)	269(0.66)	143(0.35)	818(2.0)
4.胃	12.8%	100%(7.8)	60.8%(4.76)	24.2(1.88)	24.0(1.88)	14.2((1.11)
5.脾	565 （低於此數為佳）	1030.6(-1.82)	811.72(-1.43)	251(-0.44)	177.9(-0.31)	330.2(-0.58
6.肺	4.31	2.69(0.62)	2.18(0.81)	4.33(0.02)	5.13(1.19)	9.47(2.2)
7.大腸	15.08	8.89(0.59)	9.57(0.43)	228(1.51)	23.18(1.54)	19.23(1.28)
8.小腸	273.72	259.87(0.95)	217.37(0.79)	318.51(1.18)	285.29(1.04)	261.99(0.96)
9.腎	57.5	58.1(1.01)	53.05(0.52)	43.6(0.75)	49.17(0.86)	52.49(0.91)
10.心包	8 （低於此數為佳）	25.9(-3.23)	5.58(-0.69)	5.66(-0.71)	3.57(-0.45)	5.9(-0.74)
11.三焦	50.93%	117.02(2.86)	70.71(1.73)	17.83(0.44)	22.86(0.56)	56.53(1.38)

（接下頁）

19 五都104年指標數／臺灣地區。

（承上頁）

	0.38（低於此數為佳）	0.28(-0.73)	0.27(-0.71)	0.39(-1.39)	0.37(-0.97)	0.4(-1.05)
12.膀胱	0.38（低於此數為佳）	0.28(-0.73)	0.27(-0.71)	0.39(-1.39)	0.37(-0.97)	0.4(-1.05)
平均		0.68	0.46	0.21	0.39	0.72

註：資料來源：表1-5。依據都市12經脈循行路徑：心（市長發動市政方針）>肝（市府執行）>膽（議會決議預算及法案）>胃（頒布都市計畫）>脾（制定能源政策）>大（開闢道路）>小（增加汽車持有）>腎（督促警消）>包（減輕市民稅賦）>焦（興闢上下水道）>膀（清運廢棄物）等之都市運行順序，計算何市較優。（平均數較大為優，按中醫是以肺大胃膽腎脾心小腸膀腎包焦膽肝等12時辰營衛循行流注。從中醫焦焦肝等3~5時開始12時辰衛循行流注。）

拾壹、五都處方箋

依據上述診斷提出處方（參見表1-7）。

表1-7　五都處方箋

八綱 12經	臺灣	臺北市	新北市	臺中市	臺南市	高雄市
	陽表熱實宜涼補（舉辦展覽活動促進觀光）	陽表熱實陽表寒虛宜鼓勵生育及引進人口	陽表熱實宜涼補（舉辦展覽活動促進觀光）	陽裡熱實宜加強基礎產業	陽裡熱虛陽裡寒虛宜加強基礎產業及鼓勵生育與引進人口	陽表熱虛陽表寒虛宜鼓勵生育及引進人口
1.肺		多闢公園	多闢公園			
2.大腸		興建巷道	興建巷道			
3.胃						
4.脾		宜節約能源	宜節約能源			
5.心			首長爭取選民支持			
6.小腸		增加汽車持有率	增加汽車持有率			增加汽車持有率
7.膀胱				節省廢棄物排放量		節省廢棄物排放量
8.腎			增加消防人員及警政支出	增加消防人員及警政支出	增加消防人員及警政支出	增加消防人員
9.心包		減輕稅賦				
10.三焦				增闢自來水及汙水下水道	增闢自來水及汙水下水道	
11.膽		增進議事效率		增進議事效率	增進議事效率	
12.肝		增加公務人員	增加公務人員	增加公務人員	增加公務人員	增加公務人員

註：就臺灣地區而言，若將其當作一個城邦（City State），則算一個健康的城市。

拾貳、結論

一、臺北市

　　由104年城市八綱可以得知，臺北市是陽表寒虛，人口逐漸老化、日間人口將近393萬（夜間268萬）。由12經脈觀之，公園不足、能源消耗大、稅賦負擔重、議會議事效率不佳、公務人員不足，應針對上述缺失加以改善。

二、新北市

　　由城市八綱可以得知，新北市是陽表熱虛的城市，人口增加不如全臺。日間人口將近581萬（夜間397萬）。由12經脈觀之，公園不足、能源消耗大、消防與公務人員不足、首長民意支持度不夠，應針對上述缺失加以改善。

三、臺中市

　　就八綱言是陽裡熱實，日間人口已將近350萬（夜間274萬），宜加強基礎產業。由12經脈觀之，垃圾超出全臺、消防及公務人員較少、下水道普及率不及全臺、議會議事效率不佳、應針對上述缺失加以改善。

四、臺南市

　　八綱言為陽裡寒實，日間人口237萬（夜間188萬）活動量不算大，宜鼓勵生育，增加基礎產業。由12經脈觀之，消防及公務

人員不足、下水道普及率不及全臺、議會議事效率不佳，應針對上述缺失加以改善。

五、高雄市

就八綱言，陽表寒虛，日間人口407萬（夜間278萬），宜就人口政策做一檢討，鼓勵生育，引進人口。由12經脈觀之，汽車數不及全臺、垃圾量大於全臺、消防及公務人員不及全臺，應針對上述缺失加以改善。

本文係筆者十餘年來研究中醫與都市管理結合初創，感謝賴世剛教授之鼓勵，未成熟之處，希望專家學者多予指正。

參考文獻：

1. 臺北縣政府（2010），「2010新北市願景規劃公共論壇」。
2. 李德新（2005），《中醫基礎理論》，臺北：合記圖書出版社。
3. 周學勝（2006），《中醫基礎理論》，臺北：大孚書局。
   邵陽峰譯（2005），《都市環境學》，臺北：詹氏書局。
4. 林欽榮（2006）《城市空間治理的創新策略》，臺北：新自然主義有限公司出版。
5. 吳國定（1987），《內經解剖生理學》，臺北：國立中國醫藥研究所出版。
6. （清）江涵敦，《筆花醫鏡》，臺北：文光圖書（2001版）。
7. （清）吳謙，李一宏（1991），黃香玲編，《雜病心法》，臺北：志遠書局。
8. 倪世槐譯（1972）《都市及區域之系統規劃原理》（*J. Brian McLaughlin: Urban and Regional Planning-A Systems Approach*

1968），臺北：幼獅文化。

9. 許眞怡（2014），《臺中市日間人口推估之研究》，臺中：逢甲都研所。

10. 賴世剛譯（2005），《都市發展制定計畫的邏輯》，臺北：五南書局。

11. 鄭雯瑛（1999）：〈日間活動人口估算模式之建立——以臺北市之銀行業及證券業爲例〉，交大碩士論文。

12. 蕭新煌等著（1993），《臺北縣移入人口之研究》，臺北縣立文化中心

13. 謝俊義（2015），《地方與都市治理的政策與管理——實證基礎觀點》，臺北：五南圖書。

第 2 章

城市經絡

（Urban Meridiam）

壹、經絡學說

係研究人體經絡系統之生理功能、病理變化以及臟腑相互關係的學說，它與陰陽、五行、臟腑、氣血津液等，共同組成了中醫學的理論基礎。「夫十二經脈者，人之所以生，病之所以成，人之所以治，病之所以起，學之所始，工之所止也。」

「經絡」[1]是人體氣血運行時，經過、聯絡的通路。經像徑路的無所不通，絡像網羅的錯綜連接。

特定穴是指十四經中具有特殊治療作用，並有特定稱號的俞穴。十二經脈在肘膝關節以下各有五個重要的俞穴，分別名為井、榮、輸、經、合，合稱五俞。五俞是一組具有作用大、療效高、主治規律性強及運用範圍廣等特點的俞穴，故為歷代醫家所重視。

刺激這些俞穴，可以調節經氣活動，從而影響相應的部位及臟腑。它們從四肢末端向肘膝方向依次排列，各有其主治特點。古代醫家將經氣的運行情況，比作自然界流水，以說明經氣出入的經過部位的深淺及其不同作用。

井穴：為經氣所出，如水之源頭。井穴具有交通陰陽氣血作用，多用於急救，有開竅醒神，消炎鎮痛之效。

榮穴：為經氣所溜，如剛出的泉水微流。各榮穴均可退熱。

俞穴：經氣所注，如水流由淺入深。俞穴多用於止痛，兼治由水溼所致的身重骨節痛。

---

1 馬曉彤，《經絡信息之網》，海天出版社（中國深圳）2016.10。

經穴：經氣所行，如水流在江河中暢流。經穴主治外感病，咳嗽，哮喘。

　　合穴：經氣充盛，恰如百川匯入大海，由此深入匯於臟腑。合穴主治六腑病，如嘔吐、泄瀉、頭暈、頭脹，可引上逆之氣下行。

　　原穴：是正經元氣出入的總開關，12條正經上各有一個原穴，在腕、踝關節附近部位，是人體元氣經過和留止的部位。元氣指人的先天之氣，所有的臟腑及經絡都必須得到元氣的滋養，才能發揮各自的功能，維持人的正常生命活動。因此，元氣充沛，臟腑的功能才會旺盛，人才健康少病。所以，凡是臟腑有病，都可以取相應的原穴來治。

　　陰經五臟之原穴，即是五俞穴中的俞穴，就是以俞為原，陽經六腑則不同，俞穴之外，另有原穴。原氣源於腎間動氣，是人體生命活動的原動力，通過三焦運行於五臟六腑，通達頭身四肢，是十二經脈維持正常生理功能的根本。因此臟腑發生疾病時，就會反映到相應的原穴上，通過原穴的各種異常變化，又可推知臟腑的盛衰。在臨床上，針刺原穴能使三焦原氣通達，調節臟腑經絡功能，從而發揮其維護正氣，抗禦病邪的作用。另外在治療上常用原穴配絡穴，稱原絡配穴，治療表裡經之間的病證。

表2-1　陰經五俞穴表

臟腑	井（木）	滎（火）	俞（土）	經（金）	合（水）
肺	少商	魚際	太淵	經渠	尺澤
心包	中衝	勞宮	大陵	間使	曲澤
心	少衝	少府	神門	靈道	少海
脾	隱白	大都	太白	商丘	陰陵泉
肝	大敦	行間	太衝	中封	曲泉
腎	湧泉	然谷	太蹊	復溜	陰谷

表2-2　陽經五俞穴表

臟腑	井（金）	滎（水）	俞（木）	原	經（火）	合（土）
大腸	商陽	二間	三間	合谷	陽溪	曲池
三焦	衝關	液門	中渚	陽池	支溝	天井
小腸	少澤	前谷	後溪	腕骨	陽谷	小海
胃	厲兌	內庭	陷谷	衝陽	解溪	足三里
膽	足竅陰	俠溪	足臨泣	丘墟	陽輔	陽陵泉
膀胱	至陰	通谷	束骨	京骨	崑崙	委中

貳、城市五俞

表2-3　城市五俞穴表[2]

五臟		五俞				
		井（木）	滎（火）	俞（土）	經（金）	合（水）
手	肺	少商（鄰里公園）	魚際（社區公園）	太淵（水岸發展區）	經渠（保護區）	尺澤（大公園）
三	心包	中沖（收費站）	勞宮（銀行）	大陵（稅捐處）	間使（產業局）	曲澤（財政局）
陰	心	少沖（鄰長）	少府（里長）	神門（區長）	靈道（副市長）	少海（市長）
足三	脾	隱白（變電所）	大都（加壓站）	太白（瓦斯儲存槽）	商丘（發電廠）	陰陵泉（電力公司）
	肝	大敦（里幹事）	行間（里辦公室）	太衝（區公所）	中封（祕書長）	曲泉（市政府）
陰	腎	涌泉（派出所）	然谷（消防局）	太溪（警分局）	復溜（督察）	陰谷（警察局）

---

2 作者續〈臺灣五大都市之診治—以中醫理論為基礎〉而發展的研究。

表2-4

六腑		五俞					
		井（金）	榮（水）	俞（木）	原	經（火）	合（土）
手	大腸	商陽（巷道）	二間（街道）	三間（廣場）	合谷（運動場）	陽溪（街口）	曲池（主要幹道）
三	三焦	關衝（水溝）	液門（排水管）	中渚（雨水管）	陽池（防洪池）	支溝（大圳）	天井（水庫）
陽	小腸	少澤（巴士站）	前谷（捷運站）	後溪（總站）	腕骨（轉運站）	陽谷（港口）	小海（車航站）
足	胃	厲兌（停車場）	內庭（公共設施）	陷谷（學校）	衝陽（工業區）	解溪（農業區）	足三里（住商工區）
三	膽	足竅陰（議員服務處）	俠溪（活動中心）	臨泣（市場）	丘墟（販賣場）	陽輔（里民大會場）	陽陵泉（市議會）
陽	膀胱	至陰（垃圾蒐集站）	通谷（垃圾車）	束骨（分類場）	京骨（修理廠）	崑崙（回收廠）	委中（焚化廠）

參、城市經絡分析

一、肺經

表2-5

井（木）	榮（火）	俞（土）	經（金）	合（水）
少商（鄰里公園）	魚際（社區公園）	太淵（水岸發展區）	經渠（保護區）	尺澤（大公園）

　　城市肺經是開放空間系統[3]，都市開放空間是一種提供民眾

3　王小磷、司徒世瀚〈都市開放空間及其活動型態之探討一：以臺中市都

身心健康、精神愉悅的活動場所，亦是一種化解都市冷漠、產生社會互動的空間，因此，世界各國在都市規劃過程中，均將開放空間規劃視為重要一環，包括空間型態差異性與市民活動的考量。

表2-6

空間類型	鄰里公園	社區公園	水岸發展區	保護區	大公園
活動型態	休息	參觀	路過	路過	活動

二、大腸經

表2-7

井（木）	滎（火）	俞（土）	原	經（金）	合（水）
商陽 （巷道）	二間 （街道）	三間 （廣場）	合谷 （運動場）	陽溪 （街口）	曲池 （主要幹道）

　　城市大腸經是城市交通網路系統，透過交通網路地理資訊系統予以管理。[4]

市開放空間為例〉，設計學報第3卷第1期，東海景觀系：1998年6月17日，p.55。結論顯示，不同類型的開放空間具有不同之活動型態。其活動之產生受時段和生活習慣之影響，亦有明顯不同，而同類型的開放空間又因空間性質不同，在活動型態上產生差異，證明子午流注的重要意義。

[4]〈面對未來，城市交通的關鍵思考〉文：千語Posted on 2015/12/28，上網日期2018.2.18。

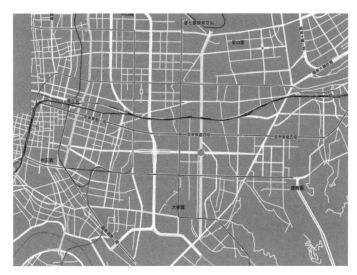

圖2-1 臺北市交通網路
（圖片來源：GOOGLE MAP）

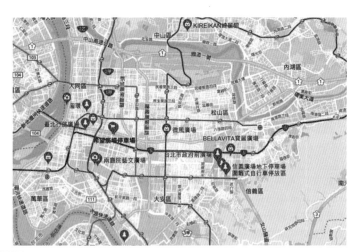

圖2-2 臺北市廣場
（圖片來源：GOOGLE MAP）

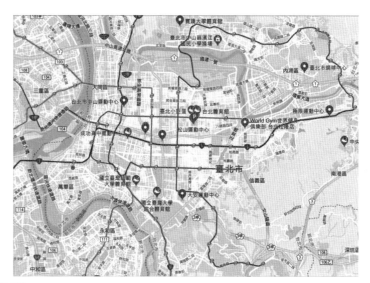

圖2-3 臺北市運動場

（圖片來源：GOOGLE MAP）

三、胃經

表2-8

井（木）	滎（火）	俞（土）	原	經（金）	合（水）
厲兌	內庭	陷谷	衝陽	解溪	足三里
（停車場）	（公共設施）	（學校）	（工業區）	（農業區）	（住商區）

　　城市胃經是城市土地利用系統，隨著人口增加，土地利用已愈趨嚴謹。[5]

---

[5] 劉盛和，吳傳鈞，沈洪泉（中國科學院地理科學與資源研究所，北京100101）〈基於GIS的北京城市土地利用擴展模式〉，地理學報ACTA GEO GRA PH ICA SIN ICA第55卷第4期，2000年7月。

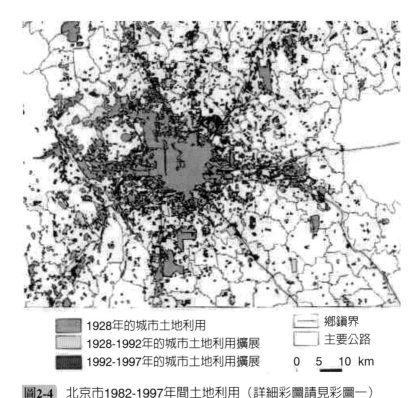

1928年的城市土地利用	鄉鎮界
1928-1992年的城市土地利用擴展	主要公路
1992-1997年的城市土地利用擴展	0　5　10 km

圖2-4　北京市1982-1997年間土地利用（詳細彩圖請見彩圖一）

資料來源：劉盛和等，〈基於GIS的北京城市土地利用擴展模式〉，地理學報，
　　　　2000年7月，第55卷第4期，頁414。

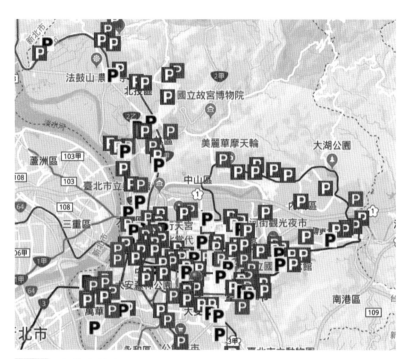

圖2-5 臺北市停車場

（圖片來源：GOOGLE MAP）

四、脾經

表2-9

井（木）	滎（火）	俞（土）	經（金）	合（水）
隱白 （變電所）	大都 （加壓站）	太白 （瓦斯儲存槽）	商丘 （發電廠）	陰陵泉 （電力公司）

城市脾經是城市能源系統，主要爲電力及瓦斯、加油站。

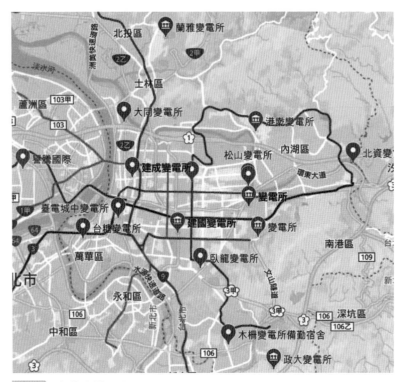

圖2-6 臺北市變電所

（圖片來源：GOOGLE MAP）

圖2-7 發電廠

（圖片來源：GOOGLE MAP）

　　臺北市天然瓦斯係由4家瓦斯公司分區供應，大臺北區瓦斯
股份有限公司供應中正、大安、信義、松山、中山、萬華、大同
等7個行政區及士林區（只含明勝、福華2里）天然瓦斯；陽明山
瓦斯股份有限公司供應士林（不含明勝、福華2里）、北投2個行
政區天然瓦斯；欣欣天然氣股份有限公司供應文山區天然瓦斯；
欣湖天然氣股份有限公司供應南港、內湖2個行政區天然瓦斯。4
家瓦斯公司民國100年供氣總戶數64萬6,056戶，供氣量3億3,466
萬3,189立方公尺，占供應區域總戶數65%。

臺北市各瓦斯公司陸續完成中央監控管理系統建置，隨時監控掌握各貯槽、整壓站及高壓幹管供氣狀況，以確保供氣安全與輸氣服務品質，並將營業區域建置32個供氣區塊及配置相關緊急遮斷閥暨管網連接，以利防災及復舊，同時每年舉辦防災應變演習，提升公共安全。

　　臺灣電力公司於臺北市共分3營業處服務110萬用電戶，臺北市區營業處負責大安、中正、中山、萬華、信義、松山、大同等7個行政區；臺北南區營業處負責文山區；臺北北區營業處負責士林區、北投、內湖、南港等4個行政區。設置停電搶修專線電話「1911」，立即處理、快速搶修。

　　為加強加油站之管理，持續檢查各加油站營運安全管理，民國100年共檢查加油站61站次、加氣站8站次，未符規定者，業已依期補正並改善。

五、心經

　　城市心經是城市指揮系統。

井（木）	滎（火）	俞（土）	經（金）	合（水）
少沖 （鄰長）	少府 （里長）	神門 （區長）	靈道 （副市長）	少海 （市長）

臺北市行政區劃

圖2-8　臺北市行政區域圖

截至2017年10月底止，各行政區面積與人口統計如下：

表2-10 臺北市各區面積與人口

區名	面積 (km²)	下轄 里數	下轄 鄰數	人口數	人口 消長	人口密 度（人/ km²)	郵遞 區號	區花	所屬 地區
中正區	7.6071	31	580	159,556	-61	20,975	100	木棉花	行政
大同區	5.6815	25	521	129,263	+2	22,752	103	茶花	中山
中山區	13.6821	42	869	230,778	-34	16,867	104	蝴蝶蘭	中山
松山區	9.2878	33	759	206,905	+76	22,277	105	朱槿	松山
大安區	11.3614	53	1,022	309,977	+29	27,283	106	波斯菊	文山
萬華區	8.8522	36	723	192,074	-30	21,698	108	白牡丹	行政
信義區	11.2077	41	904	225,911	+41	20,157	110	野牡丹	松山
士林區	62.3682	51	995	288,320	-14	4,623	111	玫瑰花	陽明山
北投區	56.8216	42	827	256,444	+20	4,513	112	櫻花	陽明山
內湖區	31.5787	39	905	287,484	+95	9,104	114	九重葛	港湖
南港區	21.8424	20	452	122,203	+59	5,595	115	桂花	港湖
文山區	31.5090	43	1,002	274,287	+126	8,705	116	杏花	文山
臺北市	271.7997	456	9,559	2,683,202	+309	9,872			

　人口消長計算方式為本月人口減去上月人口。

　市長為臺北市政府之首長，綜理市政，並指揮監督市政府所屬機關及員工。副市長為臺北市政府之副首長，襄理市政，員額三名。祕書長承市長之命襄贊市政，員額一名。副祕書長襄贊祕書長處理業務，員額三名。參事、技監、顧問及參議，承市長之命辦理市政設計、撰擬及審核法案、命令、工作計畫，並備諮詢有關市政等事項。

六、小腸經

表2-11

井（木）	榮（火）	俞（土）	原	經（金）	合（水）
少澤 （巴士站）	前谷 （捷運站）	後溪 （總站）	腕骨 （轉運站）	陽谷 （港口）	小海 （車航站）

　　城市小腸經是城市交通控制樞紐系統，與大腸經同為運輸系統。

圖2-9　臺北市公車總站

（圖片來源：GOOGLE MAP）

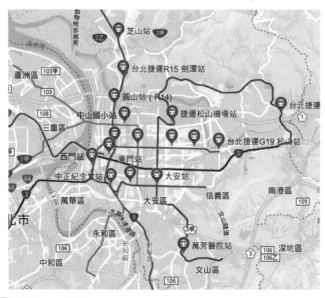

圖2-10　臺北市捷運站

（圖片來源：GOOGLE MAP）

七、膀胱經

城市膀胱經是城市廢棄物處理系統。[6]

6　〈如何進行大城市廢棄物處理〉，http://green-land.org/?p=23，上網日期
　2018.2.21。

表2-12

井（木）	滎（火）	俞（土）	原	經（金）	合（水）
至陰 （垃圾蒐 集站）	通谷 （垃圾車）	束骨 （分類場）	京骨 （修理廠）	崑崙 （回收廠）	委中 （焚化廠）

　　廣義的廢棄物（Waste）泛指人類社會活動，如生產或消費過程所產生之無利用價值而欲之排棄的物質，包括液態、氣態及固態廢棄物。狹義的解釋乃指固態廢棄物質。臺灣當前廢棄物處理、處置或汙染控制技術之發展，各單位各行其是，未加協調。把汙染分為土地、水及空氣並非十分切合實際的，且非最有效的方法。應把整個環境一併考慮較為適當，例如火力發電廠之二氧化硫控制最有效的方法，乃是使用溼式滌氣法，但卻會造成水及土地之汙染。因此要了解廢棄物之汙染特性，及可能造成二次汙染，才能期望管制措施或策略更為有效。[7]

---

[7] 〈廢棄物的汙染與處理〉，www1.geo.ntnu.edu.tw/webs/faculty/yauym/geography/g_chapter11.DO，上網日期2018.2.21。

圖2-11　臺北市垃圾處理圖

（圖片來源：GOOGLE MAP）

八、腎經

城市腎經是城市警消系統。易言之，即為：1.警政系統，
2.消防系統。

表2-13

井（木）	滎（火）	俞（土）	經（金）	合（水）
涌泉 （派出所）	然谷 （消防局）	太溪 （警分局）	復溜 （督察）	陰谷 （警察局）

圖2-12　臺北市警察系統分布圖

（圖片來源：GOOGLE MAP）

圖2-13　臺北市消防系統分布圖

（圖片來源：GOOGLE MAP）

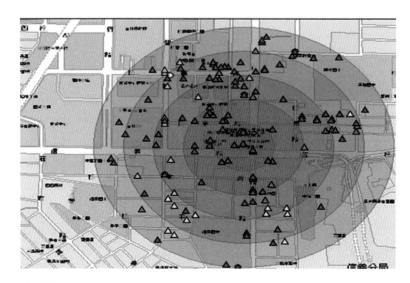

圖2-14　臺北市信義區犯罪分布圖[8]

九、心包經

城市心包經是城市財政系統。[9]

8　柯文哲表示，這項政策在內部有很大辯論，但根據管理學上的「霍桑效應」，問題公開後自然會解決，以前沒改善的原因就是「沒攤在陽光下給民眾看」。2015.10.13起https://www.thenewslens.com/article/26515，上網日期2018.2.21。

9　2015.2.28《自由時報》：新竹市府稅務局表示，依據財政部最新統計結果，去年103年新竹市地方稅稅捐實徵淨額有67億7,679萬元，不含罰鍰收入，平均每個市民創地方稅達1萬5,751元。全臺平均每個市民創地方稅超過1萬5,000元的縣市僅有3縣市，竹市是僅次於臺北市和桃園市，居20縣市第3位，更是非六都縣市的第1名。稅務局分析，去年竹市的土地增值稅19億9,434萬元是主要的來源，占市稅實徵總額29.43%，次為房

表2-14

井（木）	滎（火）	俞（土）	經（金）	合（水）
中沖 （收費站）	勞宮 （銀行）	大陵 （稅捐處）	間使 （產業局）	曲澤 （財政局）

十、三焦經

表2-15

井（金）	滎（水）	俞（木）	原	經（火）	合（土）
關衝 （水溝）	液門 （排水管）	中渚 （雨水管）	陽池 （防洪池）	支溝 （大圳）	天井 （水庫）

　　城市三焦經是城市上下水道系統，城市給水系統是城市公用事業的組成部分，城市給水系統規劃則是城市總體規劃的組成部分。城市給水系統通常由水源、輸水管渠、水廠和配水管網組成。從水源取水後，經輸水管渠送入水廠進行水質處理，處理過的水加壓後，通過配水管網送至用戶。

　　包括二類下水道管：

　　1. 汙水下水道：住宅的廚房、沖洗式廁所、浴室及洗衣等所排出的汙水，以及由工廠所排出的廢水，經由各住宅、工廠之排

屋稅14億8,732萬元占21.95%，再次為地價稅14億1,385萬元占20.86%，第四為使用牌照稅12億3,032萬元占18.15%，以上四大稅目就占總竹市稅收實徵總額的90%以上。竹市創地方稅的稅值在全臺其他縣市，是六都以外第一名，顯示竹市是個活力生產城市，市民相對安居樂業。http://news.ltn.com.tw/news/life/breakingnews/1243819，上網日期2018.2.21。

水設備，流入汙水陰井，再接入汙水下水道管，輸送至汙水處理廠處理。

2. 雨水下水道：降於建築物之屋頂或降於地面之雨水，則經由地面側溝流入下水道連接管及雨水陰井後，再流入下水道中，而直接排入河川、海洋，管徑從最小的20cm至直徑數公尺，依集水量而定。

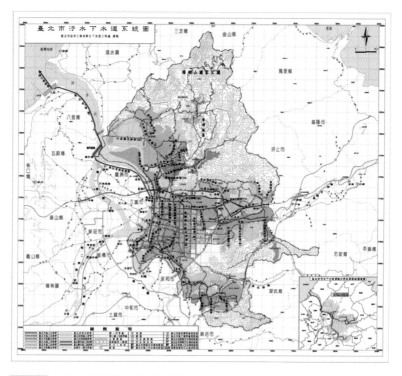

圖2-15　臺北市汙水下水道系統

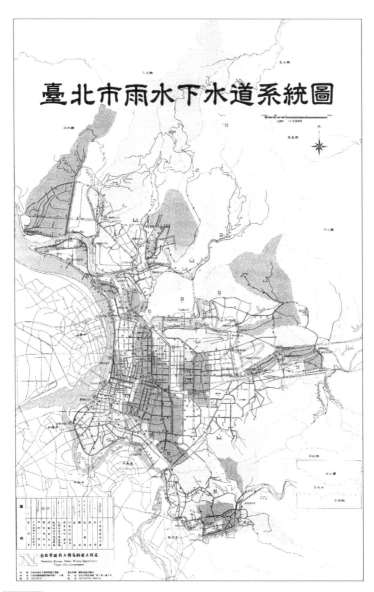

圖2-16　臺北市雨水下水道系統

十一、膽經

表2-16

井（金）	滎（水）	俞（木）	原	經（火）	合（土）
足竅陰 （議員服務處）	俠溪 （活動中心）	臨泣 （市場）	丘墟 （販賣場）	陽輔 （里民大會場）	陽陵泉 （市議會）

　　城市膽經是城市民意系統。在資本主義社會，民意是市民代表。因此，議員足跡成為其活動場域。現有臺北市議員員額63人，授權法源為「地方制度法」、「地方立法機關組織準則」、「臺北市議會組織自治條例」。市場具備了兩種意義，一是交易場所，如傳統市場、股票市場、期貨市場等，另一意義為交易行為的總稱。市場一詞不僅僅只是場所，還包括了在此場所進行交易的行為。[10]

十二、肝經

　　城市肝經是城市行政系統。從最基本的鄰里到市政府。是整個都市官僚體制的運作系統，城市管理是否有效率，須仰賴堅強的幕僚系統。

表2-17

井（木）	滎（火）	俞（土）	經（金）	合（水）
大敦 （里幹事）	行間 （里辦公室）	太衝 （區公所）	中封 （祕書長）	曲泉 （市政府）

---

[10] 〈市場〉，https://zh.wikipedia.org/zh-tw/%E5%B8%82%E5%9C%BA，上網日期2018.2.21。

肆、城市奇經八脈

一、中醫奇經八脈

　　脈有奇常，十二經脈者常也，何謂之奇？奇者不拘於常，謂之奇也。蓋人之氣血常行於十二經脈，經脈滿溢，流入他經，別道而行，故名奇經。奇經有八，八脈總歌訣：「正經經外是奇經，八脈分司各有名，任脈衽前督於後，衝起會陰腎同行。陽蹻跟外膀胱別，陰起跟前隨少陰，陽維維絡諸陽脈，陰維維絡在諸陰。帶脈圍腰如束帶，不由常度號奇經。」[11]督脈，行於背部正中，其脈多次與手足三陽經及陽維脈交會，能總督一身之陽經，故稱為「陽脈之海」。督脈行於脊裡，上行入腦，並從脊裡分出屬腎，它與腦、脊髓、腎又有密切聯繫。任脈，調節陰經的氣血，任脈和督脈，督脈行於背，任脈行於腹，督脈屬陽，任脈屬陰，督脈能調節全身陽經的氣血，而任脈就能調節全身陰經的氣血，因此與督脈相對，稱任脈為陰脈之海。衝脈，上至於頭，下至於足，貫穿全身；成為氣血的要衝，能調節十二經氣血故稱「十二經脈之海」，又稱血海，與婦女的月經有關。帶脈，起於季脅，斜向下行到帶脈穴，繞身一周，如腰帶，能約束縱行的諸脈。陰蹻脈、陽蹻脈：蹻，有輕健蹻捷之意。有濡養眼目、司眼瞼開合和下肢運動的功能。陰維脈、陽維脈：維，有維繫之意。陰維脈的功能是「維絡諸陰」；陽維脈的功能是「維絡諸陽」。

---

[11] https://www.dharmazen.org/X1Chinese/D32Health/H514Magic8p.htm，上網日期2018.3.22。

表2-18　奇經八脈功能表

（一）衝脈	十二陰陽經之海。	起源於會陰穴，陰陽相貫，故任與督脈必相交，下交於會陰之間，上則交於唇之上下也。	
（二）督脈	手足三陽脈之海。		
（三）任脈	手足三陰脈之海。		
（四）陽維	主一身之表，起於諸陽之會。		
（五）陰維	主一身之裡，起於諸陰之會。		
（六）陽蹺	主一身足左右之陽。		
（七）陰蹺	主一身足左右之陰。		
（八）帶脈	總束十二經及其他奇經七脈。		

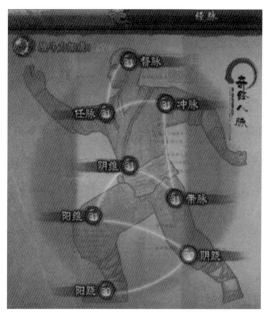

圖2-17　奇經八脈圖

（資料來源：http://dmke.pixnet.net/blog/post/222165291，〈人體奇經八脈循環動畫圖文詳解〉，上網日期2018.3.21。）

二、臺北市捷運系統

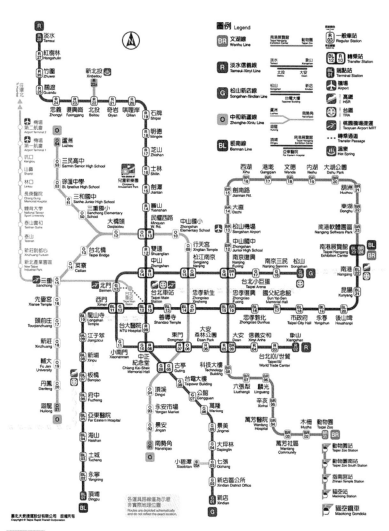

圖**2-18** 臺北市捷運系統圖（詳細彩圖請見彩圖二）

表2-19　臺北市奇經八脈

系統脈性	淡水信義線	松山新店線	板南線	文湖線	中和蘆洲線	中和新莊線	機場捷運線	中正迴龍線
脈名	督脈	任脈	帶脈	衝脈	陰維脈	陽維脈	陽蹻脈	陰蹻脈
說明（營運日）	1997.12.25　能總督一市之陽經，故稱為「陽脈之海」。	1998.12.27　能調節全市陰經的氣血，因此與督脈相對，稱任脈為陰脈之海。	1999.12.24　繞市一周，如腰帶，能約束與縱行的諸脈。	1996.3.28　能調節十二經脈氣血，故稱「十二經脈之海」，又稱「血海」。	2010.11.3　「維絡諸陰」。	2010.11.3　「維絡諸陽」。	2017.3.2　輕健蹻捷之意，主一市足左右之陰。	（規劃中）主一市足左右之陽。

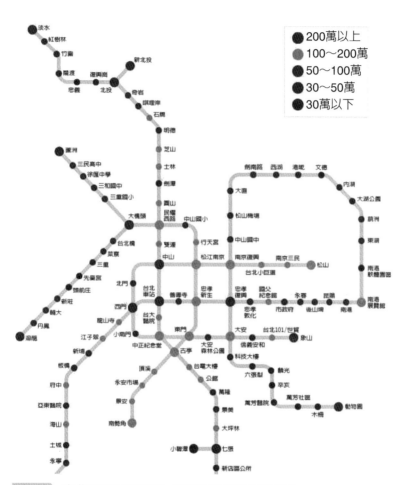

圖2-19 臺北捷運每月運量（詳細彩圖請見彩圖三）

（資料來源：http://p.udn.com.tw/upf/newmedia/2016_vist/03/20160325_mrt_06/
index.html）2018.3.22

單位：元/平方公尺	
240,000 以上	
200,001~240,000	
160,001~200,000	
120,001~160,000	
80,001~120,000	
40,001~80,000	
20,001~40,000	
8,001~20,000	
2,001~8,000	
2,000 以下	

圖2-20 臺北市107年公告地價（詳細彩圖請見彩圖四）

（資料來源：http://www-ws.gov.taipei/001/Upload/305/relfile/11455/4408/
cd22d028-9606-43a4-8a1f-242814478e1a.pdf）

　　由前二圖可知，捷運高運量之地區（西門、臺北車站、忠孝復興），即爲高地價（240,000元/M²）之地段。

第 **3** 章

城市的子午流注

臺北市爲例

（Midnight-Noon and Ebb-Flow Doctrine of City-A Case Study of Taipei）

摘　要

明朝針灸大師楊繼洲在《針灸大成》一書中，論子午流注法：「子午流注者，爲剛柔相配，陰陽相合，氣血循環，時穴開闔也。何以子午言之？曰：子時一刻，乃一陽之生，至午時一刻，乃一陰之生，故以子午之分而得夫中也。流者，往也，注者，住也。」人有十二經配天干十支。按日按時開穴以達治病之功。

都市爲有機體如同人體，亦有十二經。依照人體十二經之時序，在不同時辰有不同活動。運作暢通，則城市發達繁榮。

本文借助臺北市2017年時序，介入活動，也就是時間與空間的組合，即可知城市之運作，以供主政者參考也。

本文共分五部分：壹、前言，貳、子午流注，參、城市的子午流注，肆、臺北市的子午流注運用，伍、結論。

關鍵詞：子午流注、十二經、五俞穴、天干十支。

壹、前言

城市如人體有五臟六腑，且各臟腑有其經絡。

一、生物時鐘

所有生物都有一定的節律，人類晚間出現睡意、飛行時差帶來困擾、花朵晝開夜闔，這都是熟悉的現象。在我們的人體生理學生物時鐘參與了我們複雜生理的許多方面。我們現在知道，包括人類在內的所有多細胞生物利用類似機制來控制晝夜節律，我們很大一部分基因受到生物時鐘的調節，因此仔細校準晝夜節律使我們的生理適應當天的不同階段（圖3-1）。自從2017布蘭戴斯大學榮退教授傑弗理·霍爾（Jeffrey C Hall）、布蘭戴斯大學生物學教授暨霍華德休斯醫學研究所（HHMI）研究員邁克爾·羅斯巴殊（Michael Rosbash）、及洛克菲勒大學學術事務副校長兼教授邁克爾·楊（Michael W Young）等諾貝爾獲獎者的開創性發現以來，晝夜節律生物學已經發展成為一個廣闊、高度活躍的研究領域，對我們的健康和幸福產生了影響。[1]

我們的生物時鐘有助於調節睡眠模式、攝食行為、激素釋放、血壓和體溫。

---

[1] https://www.nobelprize.org/nobel_prizes/medicine/laureates/2017/press. htmlPress Release(Press Release2017-10-02The Nobel Assembly at Karolinska Institutet has today decided to award the 2017 Nobel Prize in Physiology or Medicinejointly toJeffrey C. Hall, Michael Rosbash and Michael W. Youngfor their discoveries of molecular mechanisms controlling the circadian rhythm).

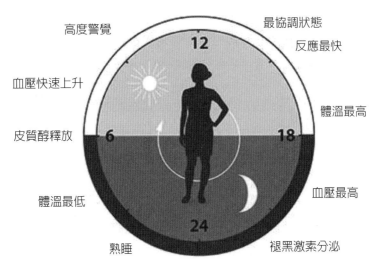

圖3-1 生物時鐘

二、都市臟腑

城市是一個有機體，對應人體。

表3-1 都市臟腑表

臟（靜）（實）陰經	腑（動）（虛）陽經
肝（市府）	膽（市議會）
心（市長）	小腸（交通場站）
脾（能源）	胃（土地使用）
肺（生態）	大腸（交通路線）
腎（治安、消防）	膀胱（廢棄物）
心包（稅賦）	三焦（上下水道）

資料來源：李淳一，〈臺灣五大都市之診治——以中醫理論為基礎〉，
2016.11.26，（浙大第一屆城管會）p.6。

三、經絡學說（Theory of meridians）

（一）經絡的概念：經絡是人體運行氣血，聯絡臟腑肢節，溝通上下內外的通道。經絡是經脈和絡脈的總稱，經是經脈，猶如途徑，是經絡系統的主幹，其特點是縱行分布，位置較深；絡是絡脈，猶如網絡，是經脈的分支，其特點是縱橫交錯，遍布全身。《靈樞・脈度》說：「經脈爲裡，支而橫者爲絡，絡之別者爲孫。」

（二）臨床運用：1.說明病理變化；2.指導辨證歸經；3.指導針灸治療。

（三）經絡學說是在中醫醫療實踐中建立起來之闡述人體經絡系統循行分布、生理功能、病理變化及其與臟腑和體表相互關係的學說，是中醫學理論體系的重要組成部分。經絡學說以經絡爲中心，闡述其循行路線、生理功能、病理變化以及與臟腑體表之間的多種聯繫，用以指導臨床診斷和防治疾病。《黃帝內經靈樞・經別》：「十二經脈者，人之所以生，病之所以成，人之所以治，病之所以起，學之所以始，工之所止也。粗之所易，上之所難。」《扁鵲心書》：「學醫不知經絡，開口動手便錯。」

（四）人體十二經絡走向：肝經（1-3）—肺經（3-5）—大腸經（5-7）—胃經（7-9）—脾經（9-11）—心經（11-13）—小腸經（13-15）—膀胱經（15-17）—腎經（17-19）—心包經（19-21）—三焦經（21-23）—膽經（23-1）。不同的發病時間，應該注意是不同病源所致、引起我們的注意和研究，以便能有針對性的治療疾病。各經穴爲述如下：

手少陰心經9，足少陰腎經27，手厥陰心包經9，足厥陰肝經14，手太陰肺經11，足太陰脾經21，手太陽小腸經19，足太陽膀胱經67，手少陽三焦經23，足少陽膽經44，手陽明大腸經20，足陽明胃經45，共361穴。

（五）奇經八脈只是人體經絡走向的一個類別。奇經八脈是督脈28、任脈24、衝脈12、帶脈4、陽維脈16、陰維脈7、陰蹻脈4、陽蹻脈11的總稱。它們與十二正經不同，既不直屬臟腑，又無表裡配合關係。

四、五俞穴的命名

五俞穴是十二經脈各經分布於肘膝關節以下的五個重要俞穴，即井、滎、輸、經、合。各經的五俞穴從四肢末端起，向肘膝方向依次排列，並以水流大小的不同名稱命名，比喻各經脈氣自四肢末端向上，像水流一樣由小到大，由淺入深的特點。[2]

井：指地下泉水初出，微小而淺。楊玄操《難經》注：「山谷之中，泉水初出之處名之曰井，井者主出之義也。」用以形容四肢各經的末端穴。

滎：指小水成流。《說文解字》：「滎，絕小水也。」楊上善《明堂》注：「水溢為滎，謂十二經脈從指出已，流溢此處，故名為滎。」用以形容位於井穴之後的第二穴。

俞：指水流漸大可輸送、灌注。《說文解字》：「俞，委輸

---

2 http://www.baike.com/wiki/%E4%BA%94%E8%BE%93%E7%A9%B4，互動百科，2017.2.1。

也。」楊上善《黃帝內經太素》注：「俞，送致聚也。」《難經·八十一難》曰：「五藏俞者，三焦行氣之所留止。故肺氣與三焦之氣送致聚於此處，故名爲俞也。」用以形容位於滎穴之後的第三穴。

經：指水流行經較直、較長。《爾雅·釋水》：「直波曰經。」楊上善《黃帝內經太素》注：「經，常也。水大流注，不絕爲常。血氣流注此，徐行不絕，爲之常也。」用以形容位於俞穴之後的第四穴。

合：指水流匯合入深。楊上善《黃帝內經太素》注：「如水出井以至海爲合，脈出指井，至此合于本藏之氣，故名爲合。」用以形容位於經穴之後肘膝關節附近的第五穴。

六腑下合穴：六腑中，胃、膀胱、膽屬足三陽經，各有合穴；大腸、小腸、三焦屬手三陽經，因臟器位於腹部，應於下肢，故除在手陽經各有合穴外，在有關的足陽經上也各有一合穴之說。

五、五俞穴表

表3-2 五俞穴表（表參考《中醫大辭典》）與城市五俞[3]

五臟		五俞				
		井（木）	滎（火）	俞（土）	經（金）	合（水）
手	肺	少商 （鄰里公園）	魚際 （社區公園）	太淵 （水岸發展區）	經渠 （保護區）	尺澤 （大公園）
三	心包	中沖 （收費站）	勞宮 （銀行）	大陵 （稅捐處）	間使 （產業局）	曲澤 （財政局）
陰	心	少沖 （鄰長）	少府 （里長）	神門 （區長）	靈道 （副市長）	少海 （市長）
足	脾	隱白 （變電所）	大都 （加壓站）	太白 （瓦斯儲存槽）	商丘 （發電廠）	陰陵泉 （電力公司）
三	肝	大敦 （里幹事）	行間 （里辦公室）	太衝 （區公所）	中封 （祕書長）	曲泉 （市政府）
陰	腎	涌泉 （派出所）	然谷 （消防局）	太溪 （警分局）	復溜 （督察）	陰谷 （警察局）

六腑		五俞					
		井（金）	滎（水）	俞（木）	原原	經（火）	合（土）
手	大腸	商陽 （巷道）	二間 （街道）	三間 （廣場）	合谷 （運動場）	陽溪 （街口）	曲池 （主要幹道）
三	三焦	關衝 （水溝）	液門 （排水管）	中渚 （雨水管）	陽池 （防洪池）	支溝 （大圳）	天井 （水庫）

（接下頁）

---

[3] 本文是作者續〈臺灣五大都市之診治──以中醫理論爲基礎〉而發展的研究。

（承上頁）

陽	小腸	少澤 （巴士站）	前谷 （捷運站）	後溪 （總站）	腕骨 （轉運站）	陽谷 （港口）	小海 （車航站）
足	胃	厲兌 （停車場）	內庭 （公共設施）	陷谷 （學校）	衝陽 （工業區）	解溪 （農業區）	足三里 （住商工區）
三	膽	足竅陰 （議員服務處）	俠溪 （活動中心）	臨泣 （市場）	丘墟 （販賣場）	陽輔 （里民大會場）	陽陵泉 （市議會）
陽	膀胱	至陰 （垃圾蒐集站）	通谷 （垃圾車）	束骨 （分類場）	京骨 （修理廠）	崑崙 （回收廠）	委中 （焚化廠）

表3-3　五俞穴功能與時間表[4]

五俞穴	井（木）	滎（火）	俞（土）	經（金）	合（水）
季節	春	夏	長夏	秋	冬
主治	心下滿 （肝系病）	主身熱 （心系病）	主體重節痛 （脾系病）	主喘咳寒熱 （肺系病）	主逆氣而泄 （腎系病）

貳、子午流注[5]

一、定義

　　子午流注者，謂剛柔相配，陰陽相合，氣血循環，時穴開闔

---

[4] http://www.360doc.com/content/11/1219/11/5900550_173344147.shtml，
〈臟腑五俞穴功能詳解〉，2017.2.1。

[5] http://www.baike.com/wiki/%E4%BA%94%E8%BE%93%E7%A9%B4，
互動百科，2017.2.1。與子午流注相類似的有靈龜八法（將十二經與奇
經八脈相通八脈八法穴法，納入八卦，配合九宮，並結合日時干支代表
數，經計算產生，按時開穴之一種針灸療法，因計算繁瑣及運用穴數較

也。何以子午言之？曰：子時一刻，乃一陽之生；至午時一刻，乃一陰之生，故以子午分之而得乎中也。流者，往也。注者，住也。它是注重時間條件，以自然界週期現象，與人體氣血周流的情況相配合的。在《靈樞・脈》、《營氣》，以及《難經・一難》、《二十三難》都有記載。《靈樞・九針十二原》、《本輸》，記載井榮俞很詳明，惟於井榮俞配屬五行，僅有陰井木、陽井金，其餘均無配屬。《難經・六十四難》對井榮俞配屬五行和十干運用，才有進一步的說明。《靈樞・衛氣行》云：「歲有十二月，日有十二辰，子午爲經，卯酉爲緯。」《靈樞・五亂》云：「經脈十二者，以應十二月。十二月者，分爲四時。」《靈樞・順氣一日分爲四時》云「：以一日分爲四時，朝則爲春，日中爲夏，日入爲秋，夜半爲冬。」《素問・八正神明論》云：「凡刺之法，必候日月星辰四時八正之氣，氣定乃刺之。」是謂「得天時而調之」。《針灸甲乙經》云：「隨日之長短，各以爲紀，謹候氣之所在而刺之是謂逢時。病在於陽分，必先候其氣之加於陽分而刺之。病在於陰分，必先候其氣之加於陰分而刺之。

少，故不採之。）

另有關我國古代天氣與生物關係的二十四節氣（民間宜忌）、五運六氣（詳見本書附錄）。

另一種活子時道家學說爲同一地方一年四季不一樣，由陰轉陽不固定的陽生時刻。把握住了活子時的動力，使自己身心定住不生一念，陽氣才能上升，這就是道家的修煉法則。只要一息尚存，每個人都有自己的活子時的，當一個老人，在將醒未醒的一刻，似乎要睜開眼睛時，那正是他的活子時。

原文網址：https://kknews.cc/zh-tw/culture/5jnap6.html，上網時間2017.10.9。

謹候其時，病可與期，失時反候，百病不除。」

圖3-2 子午流注圖[6]

二、定穴歌[7]

甲日戌時膽竅陰，丙子時中前谷滎，戊寅陷谷陽明俞，返本丘墟木在寅，庚辰經註陽溪穴，壬午膀胱委中尋，甲申時納三焦水，滎合天干取液門。

乙日酉時肝大敦，丁亥時滎少府心，己丑太白太衝穴，辛卯經渠是肺經，癸巳腎宮陰谷合，乙未勞宮火穴滎。

---

[6] http://baike.baidu.com/view/44006.htm，百度百科，2017.2.1。

[7] 應用方法另有：1.逐日按時開穴，2.逐日按穴定時，3.合日互用開穴，4.兼用十二經母子補瀉穴。

丙日申時少澤當，戊戌內庭治脹康，庚子時在三間俞，本原腕骨可袪黃，壬寅經火崑崙上，甲辰陽陵泉合長，丙午時受三焦木，中渚之中仔細詳。

丁日未時心少衝，己酉大都脾土逢，辛亥太淵神門穴，癸丑復溜腎水通，乙卯肝經曲泉合，丁巳包絡大陵中。

戊日午時歷兌先，庚申滎穴二間遷，壬戌膀胱尋束骨，衝陽土穴必還原，甲子膽經陽輔是，丙寅小海穴安然，戊辰氣納三焦脈，經穴支溝刺必痊。

己日巳時隱白始，辛未時中魚際取，癸酉太溪太白原，乙亥中封內踝比，丁丑時合少海心，己卯間使包絡止。

庚日辰時商陽居，壬午膀胱通谷之，甲申臨泣為俞木，合谷金原返本歸，丙戌小腸陽谷火，戊子時居三里宜，庚寅氣納三焦合，天井之中不用疑。

辛日卯時少商本，癸巳然谷何須忖，乙未太衝原太淵，丁酉心經靈道引，己亥脾合陰陵泉，辛丑曲澤包絡準。

壬日寅時起至陰，甲辰膽脈俠溪滎，丙午小腸後溪俞，返求京骨本原尋，三焦寄有陽池穴，返本還原似嫡親。戊申時註解溪胃，大腸庚戌曲池真，壬子氣納三焦寄，井穴關衝一片金，關衝屬金壬屬水，子母相生恩義深。

癸日亥時井湧泉，乙丑行間穴必然，丁卯俞穴神門是，本尋腎水太溪原，包絡大陵原並過，己巳商丘內踝邊，辛未肺經合尺澤，癸酉中衝包絡連，子午截時安定穴，留傳後學莫忘言。

參、城市的子午流注

一、城市的子午流注

　　甲日戌時議會議員服務處，丙子時場站捷運站，戊寅土地利用學校，返本議會販賣場在寅，庚辰經注道路街口，壬午廢棄物焚化爐，甲申時上下水道排水管。

　　乙日酉時市府里幹事，丁亥時市長里長，己丑能源瓦斯槽市府區公所，辛卯公園保護區，癸巳警察警察局，乙未財政銀行。

　　丙日申時場站巴士站，戊戌土地利用公共設施，庚子時在道路廣場，本原廠站轉運站，壬寅經火廢棄物回收場，甲辰議會市議會，丙午時上下水道雨水管。

　　丁日未時市長鄰長，己酉能源加壓站，辛亥公園水岸發展區市長區長，癸丑警察督察，乙卯市府市政府，丁巳財政稅捐處。

　　戊日午時土地利用停車場，庚申道路街道，壬戌廢棄物分類場，土地利用工業區，甲子議會里民大會，丙寅場站車航站，戊辰上下水道大浚。

　　己日巳時能源變電所，辛未時公園社區公園，癸酉警局警分局，能源瓦斯儲存槽，乙亥市府祕書長，丁丑時市長，己卯財政產業局。

　　庚日辰時道路巷道，壬午廢棄物垃圾車，甲申議會市場，道路運動場，丙戌場站港口，戊子時土地利用住商工，庚寅上下水道水庫。

　　辛日卯時公園鄰里公園，癸巳警察消防局，乙未市府區公所公園水岸發展區，丁酉市長副市長，己亥能源電力公司，辛丑財政財政局。

壬日寅時廢棄物垃圾蒐集站，甲辰議會活動中心，丙午場站總站，廢棄物修理廠，上下水道防洪池。戊申時土地利用農業區，庚戌道路主要幹道，壬子上下水道水溝。

癸日亥時警局派出所，乙丑市府里辦公室，丁卯市長區長，警局警分局，財政稅捐處，己巳能源發電廠，辛未公園大公園，癸酉財政收費站，子午截時安定穴，留傳後學莫忘言。

二、2018年國定假日與五俞

2018 國定假日	天數	日期	備註
元旦	3天	12/30（六）～1/1（一）	元旦1/1日逢星期一
春節	6天	2/15（四）～2/20（二）	（除夕一天＋春節三天）農曆初二、初三逢星期六、日，於2/19（一）及2/20（二）補假。
228和平紀念日	1天	2/28（三）	
兒童節／清明節	5天	4/4（三）～4/8（日）	兒童節4/4及民族掃墓節4/5日放假，4/6（五）彈性放假，於3/31（六）補班。
51勞動節	1天	5/1（二）	勞工適用
端午節	3天	6/16（六）～6/18（一）	端午節6/18日逢星期一
中秋節	3天	9/22（六）～9/24（一）	中秋節9/24日逢星期一
國慶雙十節	1天	10/10（三）	
2019元旦	4天	2018/12/29（六）～2019/1/1（二）	2019年元旦1/1（二）放假，12/31（一）彈性放假，於12/22（六）補班。

1. 元旦：1/1——癸巳水：街道、排水管、捷運站、公共設施、活動中心、垃圾車等較為忙碌。

2. 農曆春節：2/16——己卯土：水岸發展區、稅捐處、區長、瓦斯儲存槽、區公所、警分局、主要幹道、水庫、車航站、住商工區、市議會、焚化爐等較為忙碌。

3. 228紀念日：2/28——辛卯木：鄰里公園、收費站、鄰長、變電所、里幹事、派出所、廣場、雨水管、總站、學校、市場、分類場等非常忙碌。

4. 兒童節民族掃墓：4/5——丁卯火：社區公園、銀行、里長、加壓站、里辦公室、消防局、街口、大圳、港口、農業區、里民大會場、回收廠等非常忙碌。

5. 勞動節：5/1——癸巳水：街道、排水管、捷運站、公共設施、活動中心、垃圾車等較為忙碌。

6. 端午節：6/18——辛巳金：保護區、產業局、副市長、發電廠、祕書長、督察、巷道、水溝、巴士站、停車場、議員服務處、垃圾蒐集站等較為忙碌。

7. 中秋節：9/24——己未火：社區公園、銀行、里長、加壓站、里辦公室、消防局、街口、大圳、港口、農業區、里民大會場、回收廠等非常忙碌。

8. 國慶日10/10——乙亥火：社區公園、銀行、里長、加壓站、里辦公室、消防局、街口、大圳、港口、農業區、里民大會場、回收廠等非常忙碌。

肆、臺北市的子午流注運用

2018年臺北市政府行事曆

中華民國107年政府行政機關辦公日曆表

一月

日	一	二	三	四	五	六
	1	2	3	4	5	6
	十五	十六	十七	十八	小寒	二十
7	8	9	10	11	12	13
廿一	廿二	廿三	廿四	廿五	廿六	廿七
14	15	16	17	18	19	20
廿八	廿九	三十	十二月小	初二	初三	大寒
21	22	23	24	25	26	27
初五	初六	初七	初八	初九	初十	十一
28	29	30	31			
十二	十三	十四	十五			

二月

日	一	二	三	四	五	六
				1	2	3
				十六	十七	十八
4	5	6	7	8	9	10
立春	二十	廿一	廿二	廿三	廿四	廿五
11	12	13	14	15	16	17
廿六	廿七	廿八	廿九	三十	正月小	初二
18	19	20	21	22	23	24
初三	雨水	初五	初六	初七	初八	初九
25	26	27	28			
初十	十一	十二	十三			

三月

日	一	二	三	四	五	六
				1	2	3
				十四	十五	十六
4	5	6	7	8	9	10
十七	驚蟄	十九	二十	廿一	廿二	廿三
11	12	13	14	15	16	17
廿四	廿五	廿六	廿七	廿八	廿九	二月大
18	19	20	21	22	23	24
初二	初三	初四	春分	初六	初七	初八
25	26	27	28	29	30	31
初九	初十	十一	十二	十三	十四	十五

四月

日	一	二	三	四	五	六
1	2	3	4	5	6	7
十六	十七	十八	兒童節	[illegible]	廿一	廿二
8	9	10	11	12	13	14
廿三	廿四	廿五	廿六	廿七	廿八	廿九
15	16	17	18	19	20	21
三十	三月小	初二	初三	初四	穀雨	初六
22	23	24	25	26	27	28
初七	初八	初九	初十	十一	十二	十三
29	30					
十四	十五					

五月

日	一	二	三	四	五	六
		1	2	3	4	5
		十六	十七	十八	十九	立夏
6	7	8	9	10	11	12
廿一	廿二	廿三	廿四	廿五	廿六	廿七
13	14	15	16	17	18	19
廿八	廿九	四月大	初二	初三	初四	初五
20	21	22	23	24	25	26
初六	小滿	初八	初九	初十	十一	十二
27	28	29	30	31		
十三	十四	十五	十六	十七		

六月

日	一	二	三	四	五	六
					1	2
					十八	十九
3	4	5	6	7	8	9
二十	廿一	廿二	芒種	廿四	廿五	廿六
10	11	12	13	14	15	16
廿七	廿八	廿九	三十	五月小	初二	初三
17	18	19	20	21	22	23
初四	[illegible]	初六	初七	夏至	初九	初十
24	25	26	27	28	29	30
十一	十二	十三	十四	十五	十六	十七

七月

日	一	二	三	四	五	六
1	2	3	4	5	6	7
十八	十九	二十	廿一	廿二	廿三	小暑
8	9	10	11	12	13	14
廿五	廿六	廿七	廿八	廿九	六月小	初二
15	16	17	18	19	20	21
初三	初四	初五	初六	初七	初八	初九
22	23	24	25	26	27	28
初十	大暑	十二	十三	十四	十五	十六
29	30	31				
十七	十八	十九				

八月

日	一	二	三	四	五	六
			1	2	3	4
			二十	廿一	廿二	廿三
5	6	7	8	9	10	11
廿四	廿五	立秋	廿七	廿八	廿九	七月大
12	13	14	15	16	17	18
初二	初三	初四	初五	初六	初七	初八
19	20	21	22	23	24	25
初九	初十	十一	十二	處暑	十四	十五
26	27	28	29	30	31	
十六	十七	十八	十九	二十	廿一	

九月

日	一	二	三	四	五	六
						1
						廿二
2	3	4	5	6	7	8
廿三	廿四	廿五	廿六	廿七	廿八	白露
9	10	11	12	13	14	15
三十	八月小	初二	初三	初四	初五	初六
16	17	18	19	20	21	22
初七	初八	初九	初十	十一	十二	十三
23	24	25	26	27	28	29
秋分	[illegible]	十六	十七	十八	十九	二十
30						
廿一						

十月

日	一	二	三	四	五	六
	1	2	3	4	5	6
	廿二	廿三	廿四	廿五	廿六	廿七
7	8	9	10	11	12	13
廿八	寒露	九月大	初二	初三	初四	初五
14	15	16	17	18	19	20
初六	初七	初八	初九	初十	十一	十二
21	22	23	24	25	26	27
十三	十四	霜降	十六	十七	十八	十九
28	29	30	31			
二十	廿一	廿二	廿三			

十一月

日	一	二	三	四	五	六
				1	2	3
				廿四	廿五	廿六
4	5	6	7	8	9	10
廿七	廿八	廿九	立冬	十月小	初二	初三
11	12	13	14	15	16	17
初四	初五	初六	初七	初八	初九	初十
18	19	20	21	22	23	24
十一	十二	十三	十四	小雪	十六	十七
25	26	27	28	29	30	
十八	十九	二十	廿一	廿二	廿三	

十二月

日	一	二	三	四	五	六
						1
						廿四
2	3	4	5	6	7	8
廿五	廿六	廿七	廿八	廿九	[illegible]	初二
9	10	11	12	13	14	15
初三	初四	初五	初六	初七	初八	初九
16	17	18	19	20	21	22
初十	十一	十二	十三	十四	十五	冬至
23	24	25	26	27	28	29
十七	十八	十九	二十	廿一	廿二	廿三
30	31					
廿四	廿五					

圖3-3 臺北市政府辦公日曆表（行政院人事行政總處）

表3-4　2018年1月臺北市政府活動俞穴

活動俞穴 月　日	時辰 天干	子 23-1	丑 1-3	寅 3-5	卯 5-7	辰 7-9	巳 9-11	午 11-13	未 13-15	申 15-17	酉 17-19	戌 19-21	亥 21-23
1.1/1.11/ 1.21/1.31	癸		市府／里辦公室		市長／區長／警局／警分局／財政稅捐處		能源發電廠		公園／大公園		財政／收費站		警局／派出所
1.2/1.12/1.22	甲	場站／捷運站		土地利用／學校／議會／販賣場		道路／街口		廢棄物焚化爐		上下水道／排水管		議會／議員服務處	
1.3/1.13/1.23	乙		能源瓦斯槽／市府／區公所		公園／保護區		警察／警察局		財政銀行		市府／里幹事		市長／里長
1.4/1.14/1.24	丙	道路／廣場／場站轉運站		廢棄物回收場		議會／市議會		上下水道／雨水管		場站／巴士站		土地利用／公共設施	

（接下頁）

（承上頁）

1.5/1.15/1.25	丁		警察/督察	市府/市政府	財政稅捐處	市長/鄰長	能源加壓站	公園/水岸發展區/市長/區長
1.6/1.16/1.26	戊	議會/里民大會	場站/車航站	上下水道/大圳	土地利用/停車場	道路/街道	廢棄物分類場/土地利用/工業區	
1.7/1.17/1.27	己		市長	財政產業局	能源變電所	公園/社區公園	警局/警分局/能源瓦斯儲存槽	市府/祕書長
1.8/1.18/1.28	庚	土地利用/住商工	上下水道/水庫	道路/巷道	廢棄物/垃圾車	議會/市場/道路/運動場	場站/港口	

（接下頁）

（承上頁）

1.9/1.19/1.29	辛		財政財政局	公園/鄰里公園	警察/消防局	市府/區公所/公園/水岸發展區	市長/副市長	能源電力公司
1.10/1.20/1.30	壬	上下水道/水溝	廢棄物垃圾集站	議會/活動中心	場站/總站/廢棄物修理廠/上下水道/防洪池	土地利用/農業區	道路/主要幹道	

說明：市長 表示該活動次數很少／一月分中甲日1.2/1.12/1.22.乙日1.3/1.13/1.23.丙日 1.4/1.14/1.24.丁日1.5/1.15.1.25.戊日1.6/1.16/1.26.己日1.7/1.17/1.22/.庚日1.8/1.18/1.28 辛日194/1.19/1.29壬日1.10/1./20等三日癸日1.1/1.11/1.21/1.31等四日。

伍、結論

一、子午流注就是將十二經脈之井滎俞原經合共66穴，與陰陽天干地支互相配合，並運用五行生剋變化等規律，所產生按時定穴之一種針灸治療方法。簡言之，即按日按時，取手不

過肘，腳不過膝，井滎俞原經合，施用針灸治療的一種規
律。[8]

二、城市如同人體一樣，為有機體，對應人體亦有不同的俞穴。

表3-5 城市五俞穴

五臟		城市五俞				
		井（木）	滎（火）	俞（土）	經（金）	合（水）
手	肺	鄰里公園	社區公園	水岸發展區	保護區	大公園
三	心包	收費站	銀行	稅捐處	產業局	財政局
陰	心	鄰長	里長	區長	副市長	市長
足	脾	變電所	加壓站	瓦斯儲存槽	發電廠	電力公司
三	肝	里幹事	里辦公室	區公所	祕書長	市政府
陰	腎	派出所	消防局	警分局	督察	警察局

六腑		城市		五俞			
		井（金）	滎（水）	輸（木）	原原	經（火）	合（土）
手	大腸	巷道	街道	廣場	運動場	街口	主要幹道
三	三焦	水溝	排水管	雨水管	陽谷（防洪池）	大圳	水庫
陽	小腸	巴士站	捷運站	總站	轉運站	港口	車航站
足	胃	停車場	公共設施	學校	工業區	農業區	住商工區
三	膽	足竅陰（議員服務處）	活動中心	市場	販賣場	里民大會場	市議會
陽	膀胱	垃圾蒐集站	垃圾車	分類場	修理廠	回收廠	焚化廠

---

8 黃維三：《針灸科學》，正中書局，臺北市，1985年，頁601。

三、

表3-6　2018年臺北市城市活動

月　日　＼　時辰　天干	子 23-1	丑 1-3	寅 3-5	卯 5-7	辰 7-9	巳 9-11	午 11-13	未 13-15	申 15-17	酉 17-19	戌 19-21	亥 21-23
1.2/2.1/3.3/4.2/5.2/6.1/7.1/7.31/8.30/9.29/10.29/11.28/1.12/2.11/3.13/4.12/5.12/6.11/7.11/8.10/9.9/10.9/11.8/12.8/1.22/2.21/3.23/4.22/5.22/6.21/7.21/8.20/9.19/10.19/11.18/12.18/12.28　甲	場站／捷運站		土地利用學校議會販賣場	道路街口			廢棄物焚化爐		上下水道／排水管		議會／議員服務處	
1.3/2.2/3.4/4.3/5.3/6.2/7.2/8.1/8.31/9.30/10.30/11.29/1.13/2.12/3.14/4.13/5.13/6.12/7.12/8.11/9.10/10.10/11.9/12.9/1.23/2.22/3.24/4.23/5.23/6.22/7.22/8.21/9.20/10.20/11.19/12.19/12.29　乙		能源瓦斯槽／市府區公所			公園保護區	警察／警察局	財政銀行		市府／里幹事			市長／里長
1.4/2.3/3.5/4.4/5.4/6.3/7.3/8.2/9.1/10.1/10.31/11.30/1.14/2.13/3.15/4.14/5.14/6.13/7.13/8.12/9.11/10.11/11.10/12.10/1.24/2.23/3.25/4.24/5.24/6.23/7.23/8.22/9.21/10.21/11.20/12.20/12.30/　丙	道路／廣場／場站／轉運站		廢棄物回收場		議會／市議會		上下水道／雨水管		場站／巴士站		土地利用／公共設施	
1.5/2.4/3.6/4.5/5.5/6.4/7.4/8.3/9.2/10.2/11.1/12.1/1.15/2.14/3.16/4.15/5.15/6.14/7.14/8.13/9.12/10.12/11.11/12.11/1.25/2.24/3.26/4.25/5.25/6.24/7.24/8.23/9.22/10.22/11.21/12.21/12.31/　丁		警察／督察		市府／市政府		財政稅捐處		市長／鄉長		能源加壓站		公園水岸發展區／市長區長

（接下頁）

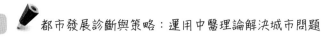

（承上頁）

日期	天干						
1.6/2.5/3.7/4.6/5.6/6.5/7.5/8.4/9.3/10.3/11.2/12.2/1.16/2.15/3.17/4.16/5.16/6.15/7.15/8.14/9.13/10.13/11.12/12.12/1.26/2.25/3.27/4.26/5.26/6.25/7.25/8.24/9.23/10.23/11.22/12.22/	戊	議會／里民大會	場站／車航站	上下水道／大浚	土地利用／停車場	道路／街道	廢棄物分類場／土地利用／工業區
1.7/2.6/3.8/4.7/5.7/6.6/7.6/8.5/9.4/10.4/11.3/12.3/1.17/2.16/3.18/4.17/5.17/6.16/7.16/8.15/9.14/10.14/11.13/12.13/1.27/2.26/3.28/4.27/5.27/6.26/7.26/8.25/9.24/10.24/11.23/12.23/	己	市長	財政產業局	能源變電所	公園／社區公園	警局／警分局／能源瓦斯儲存槽	市府祕書長
1.8/2.7/3.9/4.8/5.8/6.7/7.7/8.6/9.5/10.5/11.4/12.4/1.18/2.17/3.19/4.18/5.18/6.17/7.17/8.16/9.15/10.15/11.14/12.14/1.28/2.27/3.29/4.28/5.28/6.27/7.27/8.26/9.25/10.25/11.24/12.24/	庚	土地利用／住商工	上下水道／水庫	道路／巷道	廢棄物垃圾車	議會／市場道路／運動場	場站／港口
1.9/2.8/3.10/4.9/5.9/6.8/7.8/8.9/9.6/10.6/11.5/12.5/1.19/2.18/3.20/4.19/5.19/6.18/7.18/8.17/9.16/10.16/11.15/12.15/1.29/2.28/3.30/4.29/5.29/6.28/7.28/8.27/9.26/10.26/11.25/12.25/	辛	財政／財政局	公園／鄰里公園	警察／消防局	市府／區公所／公園水岸發展區	市長／副市長	能源電力公司

（接下頁）

（承上頁）

| 1.10/2.9/3.11/4.10/5.10/6.9/7.9/8.8/9.7/10.7/11.6/12.6/1.20/2.19/3.21/4.20/5.20/6.19/7.19/8.18/9.17/10.17/11.16/12.16/1.30/3.1/3.31/4.30/5.30/6.29/7.29/8.28/9.27/10.27/11.26/12.26/ | 壬 | 上下水道/水溝 | 廢棄物垃圾集站 | 議會/活動中心 | 場站/總站廢棄物修理廠/上下水道/防洪池 | 土地利用農業區 | 道路/主要幹道 |
| 1.1/1.11/2.10/3.12/4.11/5.11/6.10/7.10/8.9/9.8/10.8/11.7/12.7/1.21/2.20/3.22/4.21/5.21/6.20/7.20/8.19/9.18/10.18/11.17/12.17/1.31/3.2/4.1/5.1/5.31/6.30/7.30/8.29/9.28/10.28/11.27/12.27/ | 癸 | 市府/里辦公室 | 市長/區長/警局/警分局/財政稅捐處 | 能源發電廠 | 公園/大公園 | 財政/收費站 | 警局/派出所 |

　　由上表可知一年365日中，以十天干分類，除甲、乙、丙、丁、戊、為37日外，其餘己、庚、辛、壬、癸為36日，各相同日，城市皆是同樣運行較為繁忙的工作。城市管理的核心就是以此為重點。（參見表3-7、表3-8、圖3-4、圖3-5）

表3-7　都市活動分析（上）

時間/天干		甲日	乙日	丙日	丁日	戊日	己日	庚日	辛日	壬日	癸日
23時～1時	子	捷運站		廣場/轉運站		里民大會		住商工		水溝	

（接下頁）

（承上頁）

1時～3時	丑		瓦斯槽/區公所		警察		市長		財政局		里辦公室
3時～5時	寅	學校/販賣場		廢棄物回收場		車航站		水庫		垃圾蒐集站	
6時～7時	卯		保護區		市府		產業局		鄰里公園		區長/分局/稅捐處
7時～9時	辰	街口		議會		大圳		巷道		活動中心	
9時～11時	己		警察局		稅捐處		變電所		消防局		發電廠
11時～13時	午	焚化爐		雨水管		停車場		垃圾車		總站/修理廠/防洪池	

（接下頁）

（承上頁）

時間								
13時～15時	末		銀行	鄰長	社區公園	區公所／水岸發展區		大公園
15時～17時	申	排水管		巴士站	街道	市場／運動場	農業區	
17時～19時	酉		里幹事	加壓站	警察分局／儲存槽	副市長		收費站
19時～21時	戌	議員服務處		公共設施	分類場／工業區	港口	幹道	
21時～23時	亥		里長	水岸發展區／區長	祕書長	電力公司		派出所

資料來源：本研究。

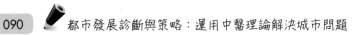

表3-7　都市活動分析（下）

時間/天干		甲日	乙日	丙日	丁日	戊日	己日	庚日	辛日	壬日	癸日
23時~1時	子	場站		廣場/轉運	議會			土地		水溝	
1時~3時	丑			能源/區所	警察		市長		財政		里辦
3時~5時	寅	土地/販賣		垃圾		場站		上下水道		垃圾	
6時~7時	卯		公園		市府		財政		鄰公		區/分/稅
7時~9時	辰	道路		議會		上下水道		道路		活動	
9時~11時	巳		警察		財政		能源		消防		能源
11時~13時	午	垃圾		上下水道		停車場		垃圾		總/修/洪	
13時~15時	未		財政		市長		公園		區所/水岸		公園
15時~17時	申	上下水道		廠站		街道		市場/運		農業	
17時~19時	酉		市府		能源		警察/儲存		副市長		財政
19時~21時	戌	議會		土地		分類場/工	廠站			幹道	
21時~23時	亥		市長		水岸/區		祕書長		電力		警察
軟體28硬體44											
			能源/區所	財政	水岸/區	警察					

表3-7-1　城市天干與地支活動表

時間	地支	甲日	乙日	丙日	丁日	戊日	己日	庚日	辛日	壬日	癸日
21～23	亥		議員服務處		水岸／區長		祕書		電力		派出所
19～21	戌	里幹		公設		分類／工業		港口		幹道	
17時～19時	酉		排水		加壓		分局／儲存		副市		收費
15時～17時	申			巴士		街道		市場／運動		農業	
13時～15時	未		銀行		鄰長		社公		區公／水岸		大公
11時～13時	午	焚化		排水		停車		垃車		總／修／洪	
9時～11時	巳		警局		稅捐		變電		消防		電廠
7時～9時	辰	街口		議會		大圳		巷道		活動	
5時～7時	卯		保護		市府		農局		鄰公		區／分／稅
3時～5時	寅	學校／販賣		回收場		航站		水車		垃圾	
1時～3時	丑		瓦斯／區所		警察		市長		財局		里長辦公室
23時～1時	子	捷站		廣場／捷站		里會		任商		水溝	

表3-8　城市十二經往各時辰活動表

	子時	丑時	寅時	卯時	辰時	巳時	午時	未時	申時	酉時	戌時	亥時	節點 (Nodle) 即是交接之點 7
	23時~1時	1時~3時	3時~5時	5時~7時	7時~9時	9時~11時	11時~13時	13時~15時	15時~17時	17時~19時	19時~21時	21時~23時	
甲日	小	脾／肝	胃／膽	肺	大	腎	膀	包	焦	肝	膽	心	7
乙日	大／小	腎	膀	肝	膽	胃／腎	焦	包	心	脾	胃	肺／心	6
丙日	膽	腎	胱	心	膽	脾	焦	肺	大	腎／脾	膀／胃	心	6
丁日	胃	心	肝	肺	大	腎	焦	旺	小	肝	胃	脾	6
戊日	膽	腎	焦	包	膀	脾	膀	肺	膽	腎／脾	膀	肺	6
己日	胃	包	心	肺	大	脾	小	肝／脾	膽	心	胱／胃	脾	6
庚日	焦	心	膀	腎	大	腎	焦	肺	胃	心	大	肺	5
辛日	焦	肝	膀胱	肺	膽	脾	小／膀／焦	肺	焦	包	大	心	6
壬日	胃	包	焦	包	大	腎	胃	肺	胃	心	戌時	脾	6
癸日	肝	肝	焦	肺		脾		肺				肺	6

說明：（活躍時）

1. 肺經：乙辛癸日卯時　　己辛癸日未時　　丁癸日亥時
2. 大腸經：甲庚日辰時　　戊庚日申時　　壬庚日子時
3. 胃經：庚壬日子時甲日寅時　戊日午時　　壬日申時丙日戌時
4. 脾經：乙日丑時　　己日巳時　　丁日酉時辛日亥時
5. 心經：己日丑時丙丁日卯時癸日酉時戊日亥時乙己丁亥時
6. 小腸經：甲丙日寅時辛日申時壬日午時丙日戌時戊日子時
7. 膀胱經：丙壬日寅時癸日午時乙日戌時戊日己時　庚日午時
8. 腎經：丁日丑時癸日卯時乙日酉時　己日酉時
9. 心包經：辛日丑時己癸日卯時　丁巳時乙未時癸日酉時
10. 三焦經：戊日子時庚日寅時戊日辰時丙日午時甲日申時壬日戌時
11. 膽經：戊日子時壬日辰時庚日申時甲日午時戊日戌時
12. 肝經：乙癸丑時丁卯時　丁癸未時乙酉時

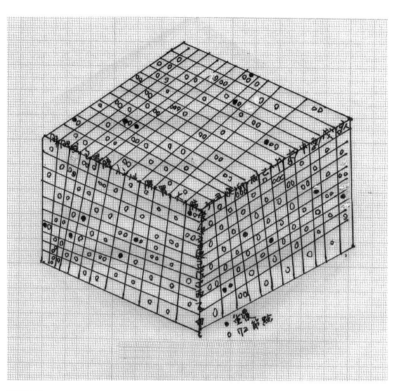

圖3-4 城市子午座標圖

圖3-5 臺北市子午流注活動圖（詳細彩圖請見彩圖五）

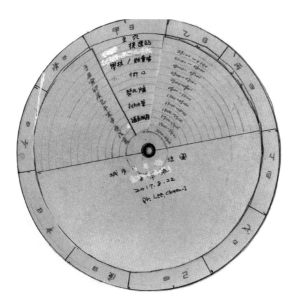

圖3-6 城市子午流注圖

待研究課題：1.城市空間資訊，2.實證研究，3.治理運用。

參考書目

1. 李淳一，〈臺灣五大都市之診治——以中醫理論為基礎〉，發表於浙江大學2016第一屆城市管理研討（2016.11.26）。

2. http://www.baike.com/wiki/%E4%BA%94%E8%BE%93%E7%A9%B4，互動百科，2017.2.1。

3. http://baike.baidu.com/view/44006.htm，百度百科，2017.2.1。

4. 黃維三，《針灸科學》，正中書局，1985年，臺北市。

5. 李坤城編著（楊繼洲），《針灸大成》，志遠書局，1990年，臺北市。

6. 張仁，《實用子午流注針法》，志遠書局，1994年，臺北市。

7. 張岫峰等，《皇帝外經‧元氣齋》，2006.6，新北市。

8. 王曉梅，《二十四節氣》中華書，2014.12，香港。

9. 張其成，《易學與中醫》，廣西科學技術出版社，2008.6。

10.田合祿，《醫易通論》，山西科學技術出版社，2006.1。

附錄1　五運六氣

　　五運六氣又稱運氣學說，簡稱運氣，是我國古代研究天時氣候變化，以及氣候變化對生物影響的一種學說。五運即木、火、土、金、水。六運即風、寒、暑、溼、燥、火。六氣以三陰三陽為剛，以消長變遷，論其亢害承制，隨五運以為轉移。

　　五運非六氣則陰陽難化。二則合而不離也。

性質天干	時間	勝臟	五行不勝	六氣	屬性
1.子午	天	脾	木	少陰	君火
	泉	膀腎	土	陽明	燥金
2.丑末	天	心包	水	太陰	溼土
	泉	肝膽	金	太陽	寒水
3.寅申	天	肺	火	少陽	相火
	泉	心小	水	厥陰	風木
4.卯酉	天	腎	土	陽明	燥金
	泉	脾胃	木	少陰	君火
5.辰戌	天	肝	金	太陽	寒水
	泉	包焦	水	太陰	溼土
6.巳亥	天	心	水	厥陰	風木
	泉	肺大	火	少陽	相火

資料來源：張岫峰等：皇帝外經。元氣齋。新北市2006.6，頁318。

　　天：該年上半年；泉：該年下半年。

天干	天干	西元
1.子午	甲子、丙子、戊子、庚子、壬子	2014(2074).2026.2038.2050.2062
	甲午、丙午、戊午、庚午、壬午	2044.2056.2068.2020.2032.
2.丑未	乙丑、丁丑、己丑、辛丑、癸丑	2015(2075).2027.2039.2051.2063.
	乙未、丁未、己未、辛未、癸未	2045. 2057.2069.2021.2033.
3.寅申	甲寅、丙寅、戊寅、庚寅、壬寅	2064.2016.2028.2040.2052.
	甲申、丙申、戊申、庚申、壬申	2034.2046.2058.2070.2022.
4.卯酉	乙卯、丁卯、己卯、辛卯、癸卯	2065.2017(2077).2029.2041.2053.
	乙酉、丁酉、己酉、辛酉、癸酉	2035.2047.2059.2071.2023.
5.辰戌	甲辰、丙辰、戊辰、庚辰、壬辰	2054.2066.2018.2030.2042
	甲戌、丙戌、戊戌、庚戌、壬戌	2024.2036.2048.2060.2072.
6.巳亥	乙巳、丁巳、己巳、辛巳、癸巳	2055.2067.2019.2031.2043.
	乙亥、丁亥、己亥、辛亥、癸亥	2025.2037.2049.2061.2073.

附錄2　逐日按時及合日互用

表1　都市活動分析

時間 / 天干		甲日	乙日	丙日	丁日	戊日	己日	庚日	辛日	壬日	癸日
						（逐日按時及合日互用）					
23時～1時	子	陽輔	前谷	足三里	三間腕骨	關衝	陽輔	前谷	足三里	三間	關衝
1時～3時	丑	行間	少海	太白太衝	曲澤	復溜	行間	少海	太白	曲澤	復溜
3時～5時	寅	小海	陷谷丘墟	天井	崑崙至陰	尺澤曲泉	小海	陷谷	天井	至陰崑崙	尺澤曲泉
6時～7時	卯	神門太溪大陵	間使	經渠少商	二間太淵	曲泉	神門	間使	少商經渠	二間太淵	曲泉
7時～9時	辰	支溝	陽溪商陽	厲兌曲池	陽陵泉俠溪	厲兌曲池	神門	商陽陽溪	厲兌曲池	俠溪陽陵泉	厲兌曲池
9時～11時	己	商丘白	商丘解溪	陰谷然谷	商丘解溪	大陵	白商丘	商丘解溪	然谷陰谷	商丘解溪	大陵
11時～13時	午	神門大都	委中通谷	神門大都	中渚後溪	厲兌	神門大都	通谷委中	神門大都	後溪陽池京骨中渚	厲兌
13時～15時	未	尺澤魚際	小海少沖	勞宮太衝	少沖	小海少沖	魚際尺澤	小海少沖	太衝太淵勞宮	少沖	小海少沖
15時～17時	申	束谷後溪	液門臨泣	少澤	解溪	二間	束谷後溪	臨泣合谷液門	少澤	解溪	二間
17時～19時	酉	中衝太溪	大敦	靈道	大都	湧泉至陰	太溪太白中衝	大敦	靈道	大都	湧泉至陰

（接下頁）

（承上頁）

19時～21時	戊	竅陰	陽谷	內庭	曲池	束谷衝陽	竅陰	陽谷	內庭	曲池	束谷
21時～23時	亥	中封	少府	陰陵泉	太淵神門	湧泉	中封	少府	陰陵泉	太淵	湧泉

資料來源：針灸科學。

表2　都市活動分析

（逐日按時及合日互用）										
時間／天干		甲日	乙日	丙日	丁日	戊日	己日	庚日	辛日	壬日	癸日
23時～1時	子	里民大會	捷運站	住商工區	廣場轉運站	水溝	里民大會	總站	住商工區	廣場	水溝
1時～3時	丑	里辦公室	市長	瓦斯儲存場區公所	財政局	督察	里辦公室	市長	瓦斯儲存槽	財政局	督察
3時～5時	寅	車航站	學校販賣場	水庫	回收場垃圾蒐集站	大公園市政府	車航站	學校	水庫	垃圾蒐集站回收場	大公園市政府
6時～7時	卯	區長警分局稅捐處	產業局	保護區鄰里公園	街道水岸發展區	市政府	區長	產業局	鄰里公園保護區	街道水岸發展區	市政府
7時～9時	辰	大圳	街口巷道	停車場主要幹道	議會活動中心	停車場主要幹道	區長	巷道街口	停車場主要幹道	活動中心市議會	停車場主要幹道
9時～11時	巳	發電廠變電所	發電廠農業區	警察局消防局	發電廠消防局	稅捐處	變電所發電廠	發電廠農業區	消防局警察局	發電廠農業區	稅捐處

（接下頁）

（承上頁）

11時～13時	午	區長加壓站	焚化廠垃圾車	區長加壓站	雨水管總站	停車場	區長里幹事	垃圾車焚化廠	區長加壓站	總站防洪池修理廠雨水管	停車場
13時～15時	未	大公園社區公園	車航站鄰長	銀行區公所	鄰長	車航站鄰長	社區公園大公園	車航站鄰長	警分局水岸發展區銀行	鄰長	車航站鄰長
15時～17時	申	分類場總站	排水管市場	巴士站	農業區	街道	分類場總站	市場運動場排水管	巴士站	農業區	街道
17時～19時	酉	收費站警分局	里幹事	副市長	加壓站	派出所垃圾蒐集站	警分局瓦斯儲存槽收費站	里幹事	副市長	加壓站	派出所垃圾蒐集場
19時～21時	戊	議員服務處	港口	公共設施	主要幹道	分類場工業區	議員服務處	港口	公共設施	主要幹道	分類場
21時～23時	亥	祕書長	里長	電力公司	水岸發展區區長	派出所	祕書長	里長	電力公司	水岸發展區	派出所

資料來源：針灸科學。

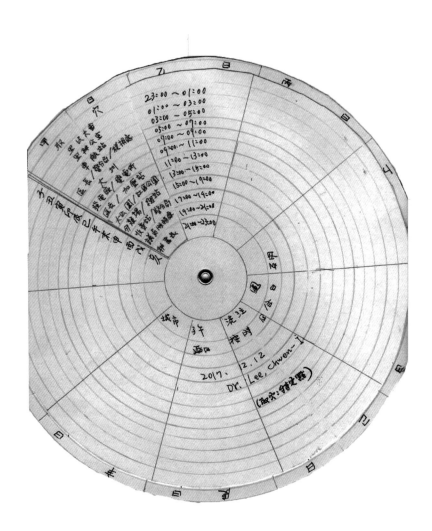

附圖1　自製城市子午流注圖

第 **4** 章

城市的重力場

（Urban Gravitational Field）

摘 要

城市有如人體，爲一個有機體。根據中醫學說，一日的十二時辰和人體的十二經絡相互對應，在每一個時辰內，所對應的經絡血氣，會特別興盛，而該經絡所營的臟腑亦較活躍。因此，城市也有十二經絡，在不同的天干與地支，其所屬的人事物也會特別活躍。城市管理者即可以掌握城市脈動，加以管理。

本文借助愛因斯坦的重力場理論，也就是廣義的相對論，認爲質量會讓周圍的空間產生扭曲，而扭曲時空物體與光線也會彎曲。

假設城市有十二經絡均勻的分布。由於氣的循環，讓該經絡同樣頻率產生共振效果，因此，造成城市共振場。

本文共分四部分，壹、概說：描述重力場理論、城市重力場概念、經絡頻率。貳、城市重力場域：說明重力場域。城市有66俞穴，即66個點，有些出現1次，有些出現7次，故共有180個場域。參、城市重力場分析：以人口爲單位，計算各經絡重力場質量、帶入各時辰，計算各重力場之質量。肆、結論：以北市爲例，重力場值爲北市人口270.5萬的2.66倍。以天干言，最高爲庚日、其次爲丁日、辛日、壬日、乙日、甲日、己日、丙日、戊日、癸日。以地支言，最高爲巳時，其次依降冪序爲未時、午時、戌時、辰時、申時、酉時、亥時、寅時、卯時、子時、丑時。

關鍵詞：重力場、子午流注、經絡頻率、共振、五俞穴、天干地支。

壹、概說

一、重力場（Gravitational field）

1915年愛因斯坦（Albert Einstein，1879~1955）發表了新的重力理論，也就是廣義的相對論。質量會讓周圍的時空產生扭曲，而扭曲時空的物體或光線也會彎曲，這就是所謂的重力效果。[1]

這條方程式稱作愛因斯坦重力場方程式，或簡稱為愛因斯坦場方程式或愛因斯坦方程式：

$$G_{\mu\nu} = R_{\mu\nu} - \frac{1}{2} g_{\mu\nu} R = \frac{8\pi G}{c^4} T_{\mu\nu}$$

其中

$G_{\mu\nu}$ 稱為愛因斯坦張量，

$R_{\mu\nu}$ 是從黎曼張量縮併而成的里奇張量，代表曲率項；

$g_{\mu\nu}$ 是從（3+1）維時空的度量張量；

$T_{\mu\nu}$ 是能量-動量－應力張量，

G 是重力常數，

c 是真空中光速。

該程式是一個以時空為自變數、以度規為因變數的帶有橢形約束的二階雙曲型偏微分方程式。球面對稱的準確解稱史瓦西解。[2]（如圖4-1）

---

[1] 小谷太郎著、林曜霆譯，《相對論與時間之謎》，臺北，方言文化，2016.11.24，p.169。

[2] 史瓦西度規（Schwarzschild metric），又稱史瓦西幾何、史瓦西解，是

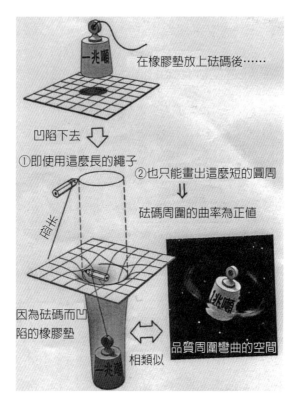

圖4-1 城市重力場示意

資料來源：小谷太郎著，林曜霆譯，《相對論與時間之謎》，臺北，方言文化，
　　　　　2016.11.24，p.151。

卡爾‧史瓦西註於1915年針對廣義相對論的核心方程式──愛因斯坦場
方程式──關於球狀物質分布的解。此解所對應的幾何，可以是球狀星
球以外的時空，也可以是靜止不旋轉、不帶電荷之黑洞（稱「史瓦西黑
洞」）的時空幾何。任何物體被壓縮成史瓦西度規將會形成黑洞。

圖4-2　模擬重力場

資料來源：2018.1.14愛因斯坦紀念展重力場試驗，臺北中正紀念堂會場自拍。

二、城市的重力場（City gravitational field）

（一）城市如人體有十二經絡，均勻分布在範圍內（如表
4-1）

表4-1 城市的重力場域示意

	1	2	3	4	5	6	7	8	9	10	11	12
1												
2												
3												
4												
5												
6												
7												
8												
9												
10												
11												
12												

說明：縱橫各有12條經絡，代表：肺、大、胃、脾、心、小腸、膀胱、腎、心
包、三焦、膽、肝。

（二）十二條經絡頻率[3]

　　根據王唯工教授《氣的樂章》[4]核心理論是：血液是靠共振來流動的，十二經絡代表十二個不同頻率諧波，在同一條經絡上的器官，共享同一組頻率諧波，而經絡上的穴道就類似於加壓中繼站，任何一個器官至少都有兩個共振頻率，一個是器官本身所在經絡上的主頻率與下一個諧波的副頻率。臺大前校長李嗣涔教授稱爲「動脈共振樹」。[5]

　　王教授提出十二經絡共振頻率來調製光、次聲波「生物能經絡通」來激發十二經絡共振。共振頻率計算方法可參考王唯工教授大作《氣的樂章》共振脈搏頻譜分析：若以脈率72次／分計，心跳頻率1.2Hz，第一諧波肝經1.2Hz，第2諧波腎經2.4Hz，第3諧波脾經3.6Hz，第4諧波肺經4.8Hz，第5諧波胃經6Hz，第6諧波膽經7.2Hz，第7諧波膀胱經8.4Hz，第8諧波大腸經9.6Hz，第9諧波三焦經10.8Hz，第10諧波小腸經12Hz，第11諧波心經13.2Hz，

3　人體中有三大閉合迴路傳輸體系，分爲神經、循環和經絡。分別對應物質的信息、質量和能量。具有化學解剖結構的物質實體主要由循環系統傳輸，而信息由神經系統傳輸。能量主要由經絡系統傳輸，能量即物質的振動波。物理學中，兩個振動頻率相同的物體，其中一個發生振動，另一個會在一定時間後產生相同的振動，即共振，這是一種能量傳輸形式，並且在能量傳輸的同時，伴隨著信息與質量的傳輸。http://www.ifuun.com/a20177103705581 (2018.1.16)。如何藉由頻率共振原理，讓身體各個器官恢復正常運行，這是頻率在身體健康應用原理。

4　〈經絡是組織器官的氣血訊息分配調控系統〉http://eshare.stust.edu.tw/EshareFile/2011_12/2011_12_d43c26d2.pdf，上網日期2018.1.16。

5　〈破解中醫的奧祕〉，刊於王唯工：《氣的樂章‧序言》，2002，臺北，大塊文化。

第12諧波心包經14.4Hz。

　　一條經絡就相當於一條動脈帶動一條靜脈，加上許多穴道，整個系統叫做一條經絡，這個經絡會產生一個特定的頻率出來。[6]

（三）重力深度公式：GW = GX(L/I)/T/I

　　G：全市重力：個人重力X人口

　　L ＝ 經絡區位〔根據子午流注時間穴位頻率值（如肝爲1.2）〕

　　I：個人重力：1.2 + 2.4 + 3.6 + 4.8 + 6.0 + 7.2 + 8.4 + 9.6 + 10.8 + 12 + 13.2 + 14.4 = 93.6

　　T ＝ 時間（根據子午流注時間陽經6陰經5）

　　例如：依逐日按時及合日互用表，甲日寅時（7～9時）爲車航站，其爲小腸經合穴。93.6（1人量）×270.5萬（臺北市人口）＝ 253,188,000Hz×12（小腸經之頻率）/93.6 = 32,460,000/6 = 5,410,000Hz，5,410,000Hz/93.6 = 57,799（重力影響之人數）。

　　若依癸日辰時（7～9時）爲停車場（胃經）與主要幹道（大腸經），則爲：

　　(1) 停車場（胃經井穴）：93.6（1人量）×270.5萬（臺北市人口）＝253,188,000Hz×6（胃經之頻率）/93.6 = 16,230,000/6 = 2,705,000Hz，2,705,000Hz/93.6 = 28,900人（重力影響之總人數）；總人數／停車場個數＝個別影響數。

　　(2) 主要幹道（大腸穴）：93.6（1人量）×270.5萬（臺

6　王唯工，《氣的樂章》，p.110。

北市人口）＝ 253,188,000Hz×9.6（大腸經之頻率）/93.6 ＝ 25,968,000/6 ＝ 4,328,000Hz，4,328,000Hz/93.6 ＝ 46,239人（重力影響之總人數）；總人數/主要幹道個數 ＝ 個別影響數；A ＋ B ＝ 28,900 ＋ 46,239 ＝ 75,139（該日時重力影響之人）。

（四）重力範圍公式：CR ＝ (D/2)X(D/2)Xπ

D ＝ 經絡間距離

以臺北市為例，面積272.14平方公里，直徑：272.14/3.1416 ＝ 86.6246開平方 ＝ 9.3072（半徑）。

經絡間距離：9.3072×2/12 ＝ 1.5512公里。

故當某一事件在城市中發生時，即可依其影響之經絡計算其範圍。例如：議會審查期間為肝膽之關係，其影響範圍在肝膽區（1.5512/2）×（1.5512/2）×3.1416 ＝ 1.8898平方公里。

若全市遭疾病傳染：（1.5512X12/2）×（1.5512X12/2）×3.1416 ＝ 272.14平方公里（全市範圍）。

（五）重力場數目

依逐日按時及合日互用表有66個點，產生180個重力場，由於共振最多一個時辰重力場有8個（如圖4-3）。因此，就城市管理者立場，較易控制。

（六）能量醫學

崔玖教授[7]：「不論是經絡或氣，其實都是物理場的變化，

---

[7] 〈發現生物能的治療力量〉，http://www.commonhealth.com.tw/article/article.action?nid=64292，查閱日期2018.1.29，《健康雜誌》第52期，林

這是一種共振的傳導作用。現代醫學只談化學，不懂物理，宇宙是由波與粒子組成。當身體各部分功能互動時，包括細胞與細胞、器官與器官、個體與個體之間或個體與環境互動時，之間的信息傳遞會以波的共振來顯示，這種波是發自生物體內不同器官系統，不同的細胞組織所形成的電磁場。簡單地說，每個器官有自己的物理場（電磁場），彼此的互動就是我們說的氣，氣流的方向也就是經絡系統，這都是生物能場，不同情緒也有不同的波長。」何謂能量醫學[8]？現在所謂的能量醫學，也就是物理科技診療的方法，運用人體敏點電位平衡法（也有人稱做生物能診療法），配合電腦儀器來檢測人體各器官的細胞電荷，以訂定健康標準值。高於標準值之數據，視為興奮、發炎、實證；低於標準值之數據，則表示功能衰退、萎縮、運行失常、虛證。因此，無論是數據偏高或偏低，為病變的現象，或是疾病已在蔓延。

能量療法（Energy therapy）透過能量場（Energy field）來診斷治療疾病，有生物場療法（Bio field therapy）和生物電磁療法（Bio electromagnetic therapy）[9]。臨床上已有許多研究證明能量醫學的效能[10]，例如電磁場可改善失眠，低波輻射可治癒關節

芝安整理，2003.03.01。

[8]　http://www.god-loveu.com/health/f.htm查閱日期2018.1.29。

[9]　前者如氣功或靈氣，劉太元醫師：「我在臨床上研究開發汰惡（Diode），運用在能量醫療。後者如磁療；我在臨床上採用傅爾電針、能量轉換（尿）療法、低頻療法、磁玉色三合一療法等另類醫學（Complementary and Alternative Medicine，簡稱CAM）的臨床運用。www.nhu.edu.tw/~cildge/files/activities/CAM，ppt，上網日期2018.1.29。

[10]　http://www.discuss.com.hk/viewthread.php?tid=5972987，查閱日期2018.1.29。

炎、高血壓、慢性疼痛、腦性麻痺、神經失調等。脈波電磁場可增加軟組織的修補，變動電磁場可以增加血管修補速度，磁場亦可改善炎症，針灸電針可刺激神經再生，生物能量治療法可以改變免疫系統、壓抑胸腺細胞、改善AIDS的症狀，或改善精神不穩狀態等。

貳、城市重力場域

一、重力場域[11]

表4-2 城市重力場域

五臟		城市五俞				
		井（木）	滎（火）	俞（土）	經（金）	合（水）
手三陰	肺	鄰里公園	社區公園	水岸發展區	保護區	大公園
	心包	收費站	銀行	稅捐處	產業局	財政局
	心	鄰長	里長	區長	副市長	市長
足三陰	脾	變電所	加壓站	瓦斯儲存槽	發電廠	電力公司
	肝	里幹事	里辦公室	區公所	祕書長	市政府
	腎	派出所	消防局	警分局	督察	警察局

11 「城市以其複雜化激發更強烈的探求慾望，另方面也是構想整個世界的模型成爲全貌之縮影」，余塔羅‧卡爾維諾著，王志宏譯，《看不見得城市》，時報文化，2015，臺北。p.16。

六腑		城市		五俞			
		井（金）	滎（水）	俞（木）	原（火）	經（火）	合（土）
手	大腸	巷道	街道	廣場	運動場	街口	主要幹道
三	三焦	水溝	排水管	雨水管	陽谷（防洪池）	大圳	水庫
陽	小腸	巴士站	捷運站	總站	轉運站	港口	車航站
足	胃	停車場	公共設施	學校	工業區	農業區	住商工區
三	膽	足竅陰議員服務處	活動中心	市場	販賣場	里民大會場	市議會
陽	膀胱	垃圾蒐集站	垃圾車	分類場	修理廠	回收廠	焚化廠

資料來源：作者〈城市的子午流注〉2017.9.17發表華東理工大學第二屆城市管理年會。

表4-3 城市按日及時的重力場

							（逐日按時及合日互用）				
時間／天干		甲日	乙日	丙日	丁日	戊日	己日	庚日	辛日	壬日	癸日
23時～1時	子	里民大會	捷運站	住商工區	廣場轉運站	水溝	里民大會	總站	住商工區	廣場	水溝
1時～3時	丑	里辦公室	市長	瓦斯儲存場、區公所	財政局	督察	里辦公室	市長	瓦斯儲存槽	財政局	督察
3時～5時	寅	車航站	學校、販賣場	水庫	回收場、垃圾蒐集場	大公園、市政府	車航站	學校	水庫	垃圾蒐集站、回收場	大公園、市政府

（接下頁）

（承上頁）

時段	支										
6時～7時	卯	區長警分局、稅捐處	產業局	保護區、鄰里公園	街道水岸發展區	市政府	區長	產業局	鄰里公園保護區	街道水岸發展區	市政府
7時～9時	辰	大圳	街口巷道	停車場、主要幹道	議會活動中心	停車場、主要幹道	區長	巷道街口	停車場、主要幹道	活動中心、市議會	停車場、主要幹道
9時～11時	己	發電廠、變電所	發電廠、農業區	警察局、消防局	發電廠、農業區	稅捐處	變電所、發電廠	發電廠、農業區	消防局、警察局	發電廠、農業區	稅捐處
11時～13時	午	區長加壓站	焚化廠、垃圾車	區長加壓站	雨水管總站	停車場	區長里幹事	垃圾車焚化廠	區長加壓站	總站防洪池、修理廠、雨水管	停車場
13時～15時	末	大公園、社區公園	車航站鄰長	銀行區公所	鄰長	車航站、鄰長	社區公園大公園	車航站、鄰長	警分局、水岸發展區、銀行	鄰長	車航站、鄰長
15時～17時	申	分類場總站	排水管市場	巴士站	農業區	街道	分類場總站	市場運動場排水管	巴士站	農業區	街道
17時～19時	酉	收費站、警分局	里幹事	副市長	加壓站	派出所、垃圾蒐集站	警分局、瓦斯儲存槽、收費站	里幹事	副市長	加壓站	派出所、垃圾蒐集場
19時～21時	戊	議員服務處	港口	公共設施	主要幹道	分類場、工業區	議員服務處	港口	公共設施	主要幹道	分類場

（接下頁）

（承上頁）

21時～23時	亥	祕書長	里長	電力公司	水岸發展區區長	派出所	祕書長	里長	電力公司	水岸發展區	派出所

說明：一年365日中，以十天干分類，除戊、己、庚、辛、壬為37日外，其餘甲、乙、丙、丁、癸為36日。資料來源同前表。

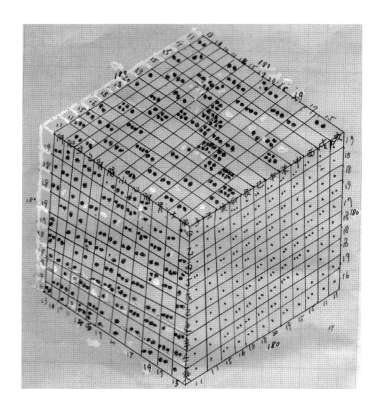

配合實際操作修正如下圖：

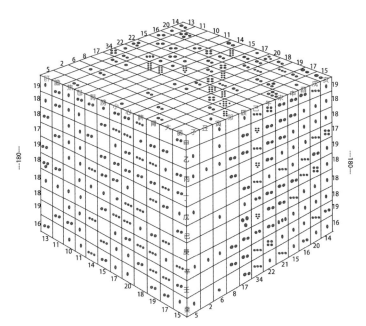

圖4-3　城市重力場（共180個）

配合實務修正如下表：

表4-4　城市按日及時的重力場（修正）

時間／天干		甲日	乙日	丙日	丁日	戊日	己日	庚日	辛日	壬日	癸日
						（逐日按時及合日互用）					
23時～1時	子		捷運站	住商工區		水溝			住商工區		水溝
1時～3時	丑			瓦斯儲存場					瓦斯儲存槽		
3時～5時	寅	車航站	販賣場	水庫			車航站		水庫		大公園

（接下頁）

（承上頁）

時段	地支										
5時～7時	卯			保護區/鄰里公園	街道/水岸發展區				鄰里公園/保護區	街道/水岸發展區	
7時～9時	辰	大圳	街口巷道	停車場/主要幹道		停車場/主要幹道	區長	巷道/街口總站	停車場/主要幹道	活動中心/市議會	停車場/主要幹道
9時～11時	巳	發電廠/變電所/里辦公室	發電廠/農業區/市長/學校/產業局	警察局/消防局/區公所	發電廠/農業區/財政局/議會/活動中心	稅捐處/督察/市政府	變電所/發電廠	發電廠/農業區市長學校產業局	消防局/警察局	發電廠/農業區/財政局	稅捐處/督察/市政府
11時～13時	午	區長加壓站/警分局/稅捐處	焚化廠/垃圾車	區長/加壓站	雨水管/總站	停車場	區長/里幹事	垃圾車/焚化廠	區長/加壓站	總站/防洪池/修理廠/雨水管	停車場
13時～15時	未	大公園/社區公園	車航站/鄰長	銀行/區公所	鄰長	車航站/鄰長/市政府	社區公園/大公園	車航站/鄰長	警分局/水岸發展區/銀行	鄰長	車航站/鄰長/市政府
15時～17時	申	分類場/總站	排水管/市場	巴士站	農業區	街道	分類場/總站	市場/運動場/排水管	巴士站	農業區	街道

（接下頁）

（承上頁）

17時～19時	酉	收費站／警分局	里幹事	副市長	加壓站	派出所／垃圾蒐集站／大公園	警分局／瓦斯儲存槽／收費站	里幹事	副市長	加壓站	派出所／垃圾蒐集場
19時～21時	戌	議員服務處／里民大會／區長	港口	公共設施	主要幹道／回收場／垃圾蒐集站	分類場／工業區	議員服務處／里民大會／里辦公室／區長	港口	公共設施	主要幹道／垃圾蒐集站／回收場	分類場
21時～23時	亥	祕書長	里長	電力公司	水岸發展區／區長／廣場／轉運站	派出所	祕書長	里長	電力公司	水岸發展區／廣場	派出所

說明：一年365日中，以十天干分類，除戊、己、庚、辛、壬為37日外，其餘甲、乙、丙、丁、癸為36日。資料來源同前表。

參、城市重力場分析

城市重力場共有180個，分別散布於十二經絡。

例如肺經（公園）有15個，但因共振，天干有8個較大，另外以地支（時辰分）有4個。其他各經亦復如此。實際操作上，

例如甲日寅時（3～5）爲車航站（小腸），爲單一重力場。己時
（5～7）：發電廠（脾）／變電所（脾）／里辦公室（肝）則有
此二經產生跨經共振重力場。茲分別以每日重力場分析之。

表4-5 城市重力場點

重力經絡	重力經絡屬性	重力場點	重力	範圍	說明
1.肺	井(木)	鄰里公園	93.6（1人量）X270.5萬（臺北市人口）= 253,188,000HzX4.8（肺經之頻率）/93.6 = 12,984,000（138,718人） 12,984,000/5 = 2,596,800Hz	2,596,800/93.6 = 27,744人	依鄰里公園數分布之
	滎(火)	社區公園	同上	同上	依社區公園數分布之
	俞(土)	水岸發展區	同上	同上	依水岸發展區數分布之
	經(金)	保護區	同上	同上	依保護區數分布之
	合(水)	大公園	同上	同上	依大公園區數分布之
2.大腸	井(木)	巷道	93.6（1人量）X270.5萬（臺北市人口）= 253,188,000HzX9.6（大腸經之頻率）/93.6 = 25,968,000/6 = 4,328,000Hz	4,328,000/93.6 = 46,239人	依巷道數分布之
	滎(火)	街道	同上	同上	依街道數分布之
	俞(土)	廣場	同上	同上	依廣場數分布之
	原(火)	運動場	同上	同上	依廣場數分布之

（接下頁）

（承上頁）

	經 （金）	街口	同上	同上	依街口數 分布之
	合 （水）	主要幹 道	同上	同上	依主要幹 道數分布 之
胃	井 （木）	停車場	93.6（1人量）X270.5萬（臺北 市人口）＝253,188,000HzX6 （胃經之頻率）/93.6＝16， 230,000/6＝2，705,000Hz	2705000Hz/93.6Hz ＝28,900人	依停車場 數分布之
	滎 （火）	公共設 施	同上	同上	依公共設 施數分布 之
	俞 （土）	學校	同上	同上	依學校數 分布之
	原 （火）	工業區	同上	同上	依工業區 數分布之
	經 （金）	農業區	同上	同上	依農業區 數分布之
	合 （水）	住商工 區	同上	同上	依住商區 數分布之
脾	井 （木）	變電所	93.6（1人量）X270.5 萬（臺北市人口）＝ 253,188,000HzX3.6（脾經之 頻率）/93.6＝9,738,000/5＝ 1,947,600Hz	1947600Hz/93.6Hz ＝20,808人	依變電所 數分布之
	滎 （火）	加壓站	同上	同上	依加壓站 數分布之
	俞 （土）	瓦斯儲 存槽	同上	同上	依瓦斯儲 存槽數分 布之
	經 （金）	發電廠	同上	同上	依發電廠 數分布之
	合 （水）	電力公 司	同上	同上	依電力公 司數分布 之

（接下頁）

（承上頁）

心	井（木）	鄰長	93.6（1人量）X270.5萬（臺北市人口）＝253,188,000HzX13.2（心經之頻率）/93.6＝35,706,000/5＝7,141,200Hz	7,141,200Hz/93.6Hz＝76,295人	依鄰長數（北市約14592）分布之
	滎（火）	里長	同上	同上	依里長數（北市456）分布之
	俞（土）	區長	同上	同上	依區長數分布之
	經（金）	副市長	同上	同上	
	合（水）	市長	同上	同上	
小腸	井（木）	巴士站	93.6（1人量）X270.5萬（臺北市人口）＝253,188,000HzX12（小腸經之頻率）/93.6＝32,460,000/6＝5,410,000Hz	5,410,000Hz/93.6＝57,799人	依巴士站數分布之
	滎（火）	捷運站	同上	同上	依捷運站數分布之
	俞（土）	總站	同上	同上	依總站數分布之
	原（火）	轉運站	同上	同上	依轉運站數分布之
	經（金）	港口	同上	同上	依港口數分布之
	合（水）	車航站	同上	同上	依車航站數分布之
膀胱	井（木）	垃圾蒐集站	93.6（1人量）X270.5萬（臺北市人口）＝253,188,000HzX8.4（膀胱經之頻率）/93.6＝22722000/6＝3,787,000Hz	3,787,000Hz/93.6Hz＝40,459人	依垃圾蒐集站數分布之
	滎（火）	垃圾車	同上	同上	依垃圾車數分布之

（接下頁）

（承上頁）

	俞（土）	分類場	同上	同上	依分類場數分布之
	原（火）	回收場	同上	同上	依回收場數分布之
	經（金）	修理廠	同上	同上	依修理廠數分布之
	合（水）	焚化廠	同上	同上	依焚化廠數分布之
腎	井（木）	派出所	93.6（1人量）X270.5萬（臺北市人口）= 253,188,000HzX2.4（腎經之頻率）/93.6 = 6,492,000/5 = 1,298,400Hz	1,298,400Hz/93.6Hz = 13,872人	依派出所數分布之
	滎（火）	消防局	同上	同上	依消防局數分布之
	俞（土）	警分局	同上	同上	依警分局數分布之
	經（金）	督察	同上	同上	依警分局數分布之
	合（水）	警察局	同上	同上	
心包	井（木）	收費站	93.6（1人量）X270.5萬（臺北市人口）= 253,188,000HzX14.4（心包經之頻率）/93.6 = 38,952,000/5 = 7,790,400Hz	7790400Hz/93.6Hz = 83,231人	依收費站數分布之
	滎（火）	銀行	同上	同上	依銀行數分布之
	俞（土）	稅捐處	同上	同上	依稅捐數分布之
	經（金）	產業局	同上	同上	
	合（水）	財政局	同上	同上	

（接下頁）

（承上頁）

三焦	井 (木)	水溝	93.6（1人量）X270.5萬（臺北市人口）= 253,188,000HzX10.8（三焦經之頻率）/93.6 = 2,921,400/6 = 4,869,000Hz	4,869,000Hz/93.6Hz = 52,019人	依水溝數分布之
	滎 (火)	排水管	同上	同上	依排水管數分布之
	俞 (土)	雨水管	同上	同上	依雨水管數分布之
	原 (火)	洩洪池	同上	同上	依洩洪池數分布之
	經 (金)	大圳	同上	同上	依大圳數分布之
	合 (水)	水庫	同上	同上	依水庫數分布之
膽	井 (木)	議員服務處	93.6（1人量）X270.5萬（臺北市人口）= 253,188,000HzX7.2（膽經之頻率）/93.6 = 19,476,000/6 = 3,246,000Hz	3,246,000Hz/93.6Hz = 34,679人	依議員服務處數分布之
	滎 (火)	活動中心	同上	同上	依活動中心數分布之
	俞 (土)	市場	同上	同上	依議員服務處數分布之
	原 (火)	販賣場	同上	同上	依販賣場數分布之
	經 (金)	里民大會場	同上	同上	依里民大會場數分布之
	合 (水)	市議會	同上	同上	
肝	井 (木)	里幹事	93.6（1人量）X270.5萬（臺北市人口）= 253,188,000HzX1.2（肝經之頻率）/93.6 = 3,246,000/5 = 649,200Hz	649,200Hz/93.6Hz = 6,936人	依里里幹事數分布之

（接下頁）

（承上頁）

	熒 （火）	里辦公 室	同上	同上	依里辦公 室數分布 之
	俞 （土）	區公所	同上	同上	依區公所 數分布之
	經 （金）	祕書長	同上	同上	
	合 （水）	市政府	同上	同上	
合計	66	66	253,188,000Hz	2,704,475人（臺北 市人口）	

透過上表可以製作城市重力場值（參下頁表4-6）。

表4-6　城市重力場值

單位：人

時間/天干	甲日	乙日	丙日	丁日	戊日	己日	庚日	辛日	壬日	癸日	小計
					（逐日按時及合日互用）						
23時～1時 子		捷運站 57,799	住商工區 28,900		水溝 52,019			住商工區 28,900		水溝 52,019	219,637
1時～3時 丑			瓦斯儲存場 20,808					瓦斯儲存場 20,808			41,616
3時～5時 寅	車航站 57,799	販賣場 34,679	水庫 52,019			車航站 57,799		水庫 52,019		大公園 27,744	282,059
5時～7時 卯			保護區/ 鄉里公園 55,488	街道/ 水岸發展 區 73,983				鄉里公園 /保護區 55,488	街道/ 水岸發展 區 73,983		258,942
7時～9時 辰	大川 52,019	街口 巷道 92,478	停車場/ 主要幹道 75,139		停車場/ 主要幹道 75,139	區長 76,295	巷道/ 街口總站 120,277	停車場/ 主要幹道 75,139	活動中心/ 市議會 69,358	停車場/ 主要幹道 75,139	710,983
9時～11 時 巳	發電廠/ 變電所/ 里辦公室 48,552	發電廠/ 農業區/ 市/ 學校/ 產業局 128,903	警察局/ 消防局/ 公所 34,680	發電廠/ 農業區/ 財政局/ 議會/ 活動中心 202,297	稅捐處/ 督察/市 政府 104,039	變電所/ 發電廠 41,616	發電廠/ 農業學校/ 長市產業 業局 238,134	消防局/ 警察局 27,744	發電廠/ 農業區/ 財政局 132,939	稅捐處/ 督察/ 醫察/市 政府 97,103	1,056,007
11時～13 時 午	區長/ 加壓站/ 警分局/ 稅捐處 194,206	焚化廠/ 垃圾車 80,918	區長/ 加壓站 97,103	雨水管/ 總站 109,818	停車場 28,900	區長/ 里幹事 83,231	垃圾車/ 焚化場 80,918	區長/ 加壓站 97,103	總站/ 防洪池/ 修理廠/ 雨水管 202,296	停車場 28,900	1,003,393

（承上頁）

時											合計
13時~15時 未	大公園/社區公園 55,488	電航站/鄉長 134,094	銀行/區公所 90,167	鄉長 76,295	電航站/鄉長/市政府 141,030	社區公園/大公園 55,488	電航站/鄉長 134,094	警分局/水岸發展區/銀行 124,847	鄉長 76,295	車航站/鄉長/市政府 141,030	1,028,828
15時~17時 甲	分類場總站 98,258	排水管/市場 86,698	巴士站 57,799	農業區 28,900	街道 46,239	分類場總站 98,258	市場/運動場/排水管 132,937	巴士站 57,799	農業區 28,900	街道 46,239	682,027
17時~19時 酉	收費站/警分局 97,103	里幹事 6,936	副市長 76,295	加壓站 20,808	派出所/垃圾蒐集站/大公園 82,075	警分局/瓦斯諸存槽/收費站 117,911	里幹事 6,936	副市長 76,295	加壓站 20,808	派出所/垃圾蒐集場 54,331	559,498
19時~21時 戊	議員服務處/里民大會/里長 145,653	港口 57,799	公共設施 28,900	主要幹道/回收場/垃圾蒐集站 127,157	分類場/工業區 69,359	議員服務處/里民大會/里辦公室/區長 152,589	港口 57,799	公共設施 28,900	主要幹道/垃圾蒐集集/回收場 127,157	分類場 40,459	835,772
21時~23時 亥	祕書長 6,936	里長 76,295	電力公司 20,808	水岸發展區/區長/廣場/轉運站 208,077	派出所 13,872	祕書長 6,936	里長 76,295	電力公司 20,808	水岸發展區/廣場 73,983	派出所 13,872	517,882
合計	756,014	756,599	638,106	847,335	612,672	690,123	847,390	665,850	805,719	576,836	7,196,644

表4-7 城市重力場值統計

單位：人

		甲1	乙日2	丙日3	丁日4	戊5	己日6	庚7	辛日8	壬日9	癸日10	小計
23時～1時	子		57,799	28,900		52,019			28,900		52,019	219,637
1時～3時	丑			20,808					20,808			41,616
3時～5時	寅	5,779	34,679	52,019			57,799		52,019		27,744	282,059
5時～7時	卯			55,488	73,983				55,488	73,983		258,942
7時～9時	辰	52,019	92,478	75,139		75,139	76,295	120,277	75,139	69,358	75,139	710,983
9時～11時	巳	48,552	128,903	34,680	202,297	104,039	41,616	238,134	27,744	132,939	97,103	1,056,007
11時～13時	午	194,206	80,918	97,103	109,818	28,900	83,231	80,918	97,103	202,296	28,900	1,003,393
13時～15時	未	55,488	134,094	90,167	76,295	141,030	55,488	134,094	124,847	76,295	141,030	1,028,828
15時～17時	申	98,258	86,698	57,799	28,900	46,239	98,258	132,937	57,799	28,900	46,239	682,027
17時～19時	酉	97,103	6,936	76,295	20,808	82,075	117,911	6,936	76,295	20,808	54,331	559,498
19時～21時	戌	145,653	57,799	28,900	127,157	69,359	152,589	57,799	28,900	127,157	40,459	835,772
21時～23時	亥	6,936	76,295	20,808	208,077	13,872	6,936	76,295	20,808	73,983	13,872	517,882
合計		756,014	756,599	638,106	847,335	612,672	690,123	847,390	665,850	805,719	576,836	7,196,644

肆、結論

一、城市重力場值：總值7,196,644人（表4-7），為臺北市人口（2,705,000人）之2.66倍。

二、以天干言（圖4-4）：一年365日中，以十天干分類，除戊、己、庚、辛、壬為37日外，其餘甲、乙、丙、丁、癸為36日。最高為庚日847,390人，其次依降冪序為丁日847,335人，辛日805,719人，壬日805,719人，乙日756,599人，甲日756,014人，己日690,123人，丙日638,106人，戊日610,676人，癸日576,856人。

三、以地支而言（圖4-5）：最高為巳時1,056,007人，其次依降冪序為未時1,028,828人，午時1,003,393人，戌時835,772人，辰時710,983人，申時682,027人，酉時559,498人，亥時517,882人，寅時282,059人，卯時258,942人，子時219,637人，丑時41,616人。

四、就地點而言：城市重力場域有66個（表4-2），因活動而造成有180個點（圖4-3）。

五、透過城市各重力場，市政管理者就能掌握城市的脈動並加以管理。

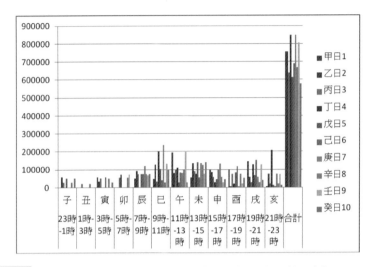

圖4-4 城市重力場值統計（天干）（詳細彩圖請見彩圖六）

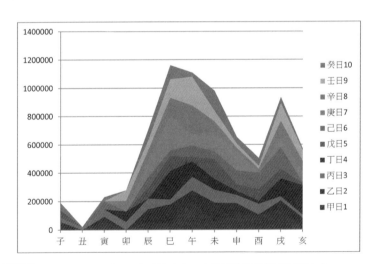

圖4-5 城市重力場值統計（地支）（詳細彩圖請見彩圖七）

表4-8　城市重力場點頻率

出現次數	地點	小計
1	運動場、大圳、捷運、轉運站、販賣場、工業區、修理廠、防洪池	8
2	鄰里公園、社區公園、保護區、收費站、銀行、產業局、財政局、副市長、市長、變電所、電力公司、里辦公室、區公所、祕書長、消防局、督察、警局、巷道、廣場、街口、水溝、排水管、雨水管、水庫、巴士站、港口、公設、學校、住商、議員服務、活動中心、市場、里民大會、議會、垃圾車、回收場、焚化廠	37*2 = 74
3	稅捐處、瓦斯儲存、里長、里幹事	4*3 = 12
4	大公園、派出所、警分局、街道、垃圾蒐集、分類場、市府	7*4 = 28
5	水岸、加壓站、總站	3*5 = 15
6	發電廠、車航站、農業區、鄰長、主要幹道、停車場	6*6 = 36
7	區長	1*7 = 7
合計		180

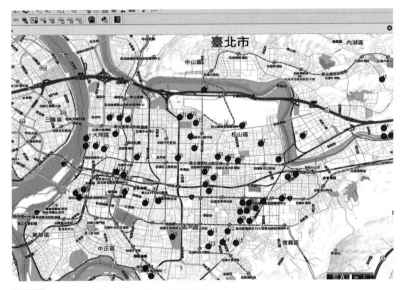

圖4-6 臺北市重力圖（詳細彩圖請見彩圖八）

（資料來源：作者自製）

表4-9　臺北城市重力場表

編號	井	滎	俞	原	經	合
01肺	011（鄰里公園）	012（社區公園）	013（水岸發展區）		014（保護區）	015（大公園）
02大腸	021（巷道）	022（街道）	023（廣場）	024（運動場）	025（街口）	026（主要幹道）
03胃	031（停車場）	032（公共設施）	033（學校）	034工業區	035（農業區）	036（住商工區）
04脾	041（變電）	042（加壓）	043（瓦斯）		044（發電）	045（電力公司）
05心	051（鄉長）	052（里長）	053（區長）		054（副市長）	055（市長）
06小腸	061（巴士）	062（捷運）	063（總站）	064（轉運）	065（港口）	066（車航）
07膀	071（垃圾）	072（垃車）	073（分類）	074（修理）	075（回收）	076（焚化）
08腎	081（派所）	082（消防）	083（警分）		084（督察局）	（警察）085（警局）
09包	091（收費站）	092（銀行）	093（稅捐處）		094（產業）	095（財政局）
10焦	101（水道）	102（排水）	103（雨水）	104（防洪）	105（大圳）	106（水車）
11膽	111（議員）	112（活動）	113（市場）	114（販賣）	115（里民）	116（議會）
12肝	121（里幹）	122（里辦）	123（區所）		124（祕長）	125（市府）

參考文獻

1. 毛井然，《神氣能量》，育龍企管，2003，臺北。
2. 小谷太郎著，林曜霆譯，《相對論與時間之謎》，方言文化，2016.11.2，臺北。
3. 王唯工，《氣的樂章》，大塊文化，2002，臺北。
4. 王唯工，《氣血的旋律》，大塊文化，2012臺北。
5. 貝淡寧、艾維納、德夏里特著，吳萬偉譯，《城市的精神》，財信，臺北，2012。
6. 余塔羅、卡爾維諾著，王志宏譯，《看不見的城市》，時報文化，2015，臺北。
7. 劉軍，《城市管理研究》，華東理工大學，2016，上海。
8. 潘德孚，《人體生命醫學》，華夏出版，2016，北京。
9. 孫新軍，《城市管理與科技》，城市管理與科技雜誌社，2016，北京。
10. 潘欣祥、馬芳傑，《玄奇波動能療法》，元氣齋出版社，2006，臺北。
11. 王唯工，《水的漫舞》，大塊文化，2017，臺北。
12. Gravitational Field Strength-YouTube, https://www.youtube.com/watch?v=4a4p9bW9tRI，上網查詢2018.2.3。
13. A-level Physics/Forces, Fields and Energy/Gravitational fields, https://en.wikibooks.org/wiki/A-level_Physics/Forces,_Fields_and_Energy/Gravitational_fields，上網查詢2018.2.3。
14. Gravitational field (application), https://archive.cnx.org/contents/1ae81f91-3888-4854-b8ca-b038ab1a1da7@1/gravitational-field-application，上網查詢2018.2.3。
15. Einstein's gravitational field, https://arxiv.org/ftp/physics/

papers/0204/0204044.pdf，上網查詢2018.2.3。

16. Satellite Motion in a Multipolar Gravitational Field, https://www.maplesoft.com/applications/view.aspx?SID=4268，上網查詢2018.2.5。

17. Áron Kincses, Géza Tóth: "The Application of Gravity Model in the Investigation of Spatial Structure" Acta Polytechnica Hungarica Vol. 11, No. 2, 2014.

18. Agnes Bernard Bernard Paulet Valérie Colin Philippe J.P. Cardot: "Red blood cell separations by gravitational field-flow fractionation: instrumentation and applications" TrAC Trends in Analytical Chemistry Volume 14, Issue 6, June–July 1995, Pages 266~73.

第 **5** 章

城市脈象

（Urban Pulse）

壹、中醫脈象

四診心法[1]：

- 一呼一吸，合爲一息，脈來四至，平和之則，五至無殆，閏以太息，三至爲遲，遲則爲冷，六至爲數，數則熱證，轉遲轉冷，轉數轉熱。

- 遲數既明，浮沉須別，浮沉遲數，辨內外因，外因於天，內因於人，天有陰陽，風雨晦明，人喜憂怒，思悲恐驚。

- 浮沉已辨，滑濇當明，濇爲血滯，滑爲氣壅。

- 浮脈皮脈，沉脈筋骨，肌肉候中，部位統屬。

- 浮無力而濡，沉無力弱，沉極力牢，浮極力革。

- 三部有力，其名曰實，三部無力，其名曰虛。

- 三部無力，按之且小，似有似無，微脈此考。

- 三部無力，按之且大，渙漫不收，散脈可察。

- 惟中無力，其名曰芤，推筋著骨，浮脈可求。

- 三至爲遲，六至爲數。

- 四至爲緩，七至疾脈。

- 緩止曰結，數止爲促，凡此之診，皆統至數，動而中止，不能自還，至數不乖，代則難痊。

- 形狀如珠，滑溜不定，往來濇滯，濇脈可證。

- 弦細端直，且勁曰弦，緊比弦粗，勁左右彈。

- 來盛去衰，洪脈名顯，大則寬闊，小則細減。

---

1 清吳謙，《韅醫宗金鑑四診心法要訣》。

- 如豆亂動，不移約約，長則迢迢，短則縮縮。

可分三大類：

 1. 至數：遲、數、緩、疾、結、促、代、長、短、動。

 2. 部位：浮、沉、實、虛、微、散、芤、伏、濡、弱、牢、革。

 3. 形狀：滑、澀、弦、緊、洪（大）、細（小）。

表5-1　脈象與病症

28脈象	病症
1.遲	冷
2.數	熱
3.緩	風溼
4.疾	數也
5.結	主陰盛氣結、痰凝血瘀
6.促	主陽盛熱實，氣血痰飲宿食停滯，亦主腫癰
7.代	真氣乏
8.長	氣治
9.短	氣之縮
10.動	女科胎前
11.浮	風淫六氣
12.沉	主裡
13.實	諸實
14.虛	諸需
15.微	氣血不足

（接下頁）

（承上頁）

16.散	虛極
17.芤	失血
18.伏	閉鬱
19.濡	傷暑（諸陽虛）
20.弱	陰虛
21.牢	欲產離經
22.革	傷精血
23.滑	氣壅（風痰）
24.澀	血滯（澀血虛）
25.弦	風飲
26.緊	風寒（痛）
27.洪	陽盛
28.細	氣少

註：浮大：陽實，沉小：裡虛（即脈相浮而大表陽實；脈相沉而小表裡虛。）

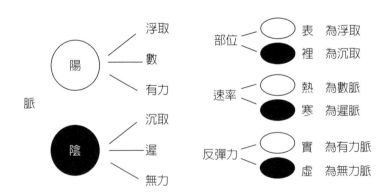

圖5-1　脈與八綱對應圖

（資料來源：〈醫師王又教你把脈自診，預防疾病〉，https://showwe.tw/books/
choice.aspx?c=21，上網日期2018.2.21。）

脈的 八綱	八綱 辨證	思考方向
浮取	表	主——皮、脈、氣、陽、腑
沉取	裡	主——筋、骨、血、陰、臟
數	熱	主——熱、動、快、腑、發炎熱性疾病
遲	寒	主——冷、凝、慢、臟、痛
有力	實證	主——紅、腫、熱、痛（邪氣強，正氣也強，邪正相爭）
無力	虛證	主——正氣虛（邪氣虛，正氣也虛）
大	陽	主——太過、有餘、病進
小	陰	主——不及、不足、氣衰

圖5-2 脈與八綱辯證（資料來源同前）

貳、城市交通

　　服務水準（一般稱為V/C值）依照交通部運輸研究所「2011年臺灣地區公路容量手冊」，路段服務水準評估之進行，一般以平均旅行速率（km/hr）為評估指標，但由於路段服務水準之評估，若以平均旅行速率（km/hr）為評估指標，則須進行實際調查，並推估目標年之平均旅行速率，一般計畫在經費有限之下，可改以V/C值進行路段服務水準評估，故本研究採用臺北市政府交通局之調查數據以計算V/C值，進行路段服務水準分析。

一、V值

（一）選擇臺北市忠孝東路與復興南路交口為城市寸口（如人把脈手之寸口）

1. 106.9.14

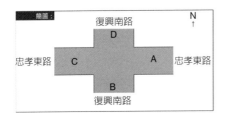

站號	站名	時段	方向	交通量	車種百分比		
					大型車	小型車	機車
S63	忠孝東路～復興南路	上午	A	2,090	5%	57%	38%
			B	1,805	1%	33%	66%
			C	2,912	3%	59%	38%
			D	1,927	1%	43%	56%
			E				
			F				
		下午	A	3,345	12%	51%	37%
			B	1,839	1%	43%	56%
			C	2,592	4%	60%	36%
			D	2,360	1%	46%	53%
			E				
			F				

資料來源：臺北市交通局106.9.14交通流量調查資料S063（上午8～9、下午18~19）。

2. 105.6.15

站號	站名	時段	方向	交通量	車種百分比		
					大型車	小型車	機車
S39	忠孝東路～復興南路	上午	A	2,332	4%	50%	46%
			B	2,546	1%	24%	75%
			C	2,982	3%	51%	46%
			D	1,856	2%	35%	63%
			E				
			F				
		下午	A	3,771	6%	43%	51%
			B	1,987	1%	38%	61%
			C	2,939	2%	53%	45%
			D	2,620	1%	40%	59%
			E				
			F				

圖5-3　忠孝東路（2018.2.26攝）

圖5-4 復興南路（2018.2.26攝）

圖5-5 忠孝東路（2018.2.26攝）

圖5-6 復興南路（2018.2.26攝）

二、C值

表5-2 道路路段容量計算標準表

$$C = F*N*1,000 + (W - P)*200$$

C ：路段容量（PCU）

F ：路型修正係數道路分類與路型因素

修正係數：（快速道路1.4　中央分隔與快慢車道分隔1.3

快慢車道分隔1.1　中央分隔1　中央標線分隔0.8　無標線0.6　）

N ：快車道數

W ：慢車道寬度（公尺）

P ：停車位寬（公尺）

資料來源：薛聖弘股長〈本市鳳山區自由路、光遠路（國泰路二段至大東一路）
瓶頸路段交通改善之研究〉，高雄市政府101年度研究發展成果報，
101.7.2，上網日期2018.2.24。

C：道路容量C = F*N*1,000 + (W - P) *200

C = (1*4*1,000) + (4 - 0)*200

C = 4,800

三、V/C

（一）服務水準

表5-3 道路服務水準與V/C值關係表

服務水準	V/C值	交通性質
A	小於0.5	自由車流
B	0.5～0.65	穩定車流（少許延滯）
C	0.65～0.75	穩定車流（延滯可接受）
D	0.75～1.00	接近不穩定車流（延滯可容忍）
E	1.00～1.20	不穩定車流（延滯不可容忍）
F	大於1.20	強迫車流（交通已阻塞）

資料來源：同前。

表5-4

a. 106年臺北市交通局106.9.14交通流量調查資料S063.（上午8～9）

路口	V（流量）	CV/C	服務水準
A	2,090	V/C=0.43	A
B	1,805	0.37	A
C	2,912	0.61	B
D	1,927	0.40	A

（下午18～19）

路口	V（流量）	CV/C	服務水準
A	3,345	V/C=0.70	C
B	1,839	0.38	A
C	2,592	0.54	B
D	2,390	0.50	B

b. 105年臺北市交通局交通105.6.15流量調查資料S039.（上午8～9）

路口	V（流量）	CV/C：（106年）	服務水準（105～106）
A	2,332	V/C=0.49; (0.43)	A→A
B	2,546	0.53; (0.37)	B→A
C	2,982	0.62; (0.61)	B→B
D	1,856	0.39; (0.40)	A→A

（下午18～19）

路口	V（流量）	CV/C：（106年）	服務水準
A	3,771	0.79(0.70)	D→C
B	1,987	0.41(0.38)	A→A
C	2,939	0.61(0.54)	B→B
D	2,620	0.54(0.50)	B→B

（二）根據速限與平均速率差距之服務水準等級劃分標準服務水準

表5-5 平均速率與速限差距（公里／小時）

1	
2	6～10
3	11～15
4	16～25
5	26～35
6	>35

資料來源：2011年臺灣公路容量手冊，運輸研究所出版品編號100-132-1299。

（三）速限50公里／小時之市區道路服務水準等級劃分標準

表5-6 平均旅行速率V（公里／小時）服務水準等級

A	V≧35
B	V < 35-30
C	V < 30-25
D	V < 25-20
E	V < 20-15
F	V < 15

註：速限每增10公里V增5公里。

參、城市脈象分析

一、原則

1. 至數：與平均速率比。

2. 部位：與前年比。

3. 形狀：V/C比（滑澀：指脈相滑脈與澀脈）。

二、實際檢測

（一）至數

依據現況，限速為50/H。平均速度為45/H。

根據表5-5及表5-6，本路段之服務水準為1A。

（二）部位

與前年比，路口B上午由B即變爲A級‧路口A下午由D即變爲C級，有改善，其餘未變。

（三）形狀

除A路口（忠孝東路東）二年皆爲C、D級（其原因爲大客車之比例偏高占12%）外，其餘路口爲A、B級。

（四）城市脈證

表5-7 脈象、病症與城市脈證

28脈象	病症	實際檢測脈象
1.遲	冷	—
2.數	熱	1A
3.緩	風溼	—
4.疾	數也	—
5.結	主陰盛氣結、痰凝血瘀	未列入50大肇事路口
6.促	主陽盛熱實，氣血痰飲宿食停滯，亦主腫癰	—
7.代	真氣乏	—
8.長	氣治	—
9.短	氣之縮	—
10.動	女科胎前	—
11.浮	風淫六氣	BA/CD
12.沉	主裡	—

（接下頁）

（承上頁）

13.實	諸實	V
14.虛	諸需	－
15.微	氣血不足	－
16.散	虛極	－
17.芤	失血	－
18.伏	閉鬱	－
19.濡	傷暑（諸陽虛）	－
20.弱	陰虛	－
21.牢	欲產離經	－
22.革	傷精血	－
23.滑	氣壅（風痰）	A、B
24.濇	血滯（澀血虛）	C
25.弦	風飲	－
26.緊	風寒（痛）	－
27.洪	陽盛	－
28.細	氣少	－

註：浮大：陽實，沉小：裡虛（即脈浮而大即陽而實症脈沉而小，即裡虛之症。）

（五）八綱分析

運用圖

陰陽：陽	表裡：浮表
寒熱：熱	虛實：實

（六）症狀分析

由脈象觀之，本城市為陽表熱實。由拙撰〈臺灣五大都市之診治——以中醫理論為基礎〉[2]作結：

一、就陰陽而言：五都皆屬於陽，也就是日間人口皆大於夜間人口，屬於蓬勃發展之城市。

二、就表裡而言：臺中市及臺南市，非基礎產業人口大於基礎產業人口數外，其餘皆屬於表的城市。

三、就寒熱而言：102年五都0～14歲年齡層皆大於65歲以上人口，屬於熱的城市。但104年臺北市、臺南市及高雄市轉為寒的城市，也就是65歲以上的年齡層比0～14歲多，轉入老化現象。

四、就虛實而言：102年除高雄市人口成長不如臺灣地區為虛外，其餘為實。104年增加臺北市及新北市與臺南市。

五、就五都八綱言之：就二個年期（102與104年）比較之，臺北市由陽表熱實轉為陽表寒虛、新北市陽表熱實，臺中市陽裡熱實不變，臺南市陽裡熱虛轉為陽裡寒虛，高雄市陽表熱虛轉為陽表寒虛。」

（七）城市脈象給予的啟示

1. 針對城市脈象予以調整城市體質。

2. 首先針對路口A之C級服務水準應加以改善，即紓解車流之集中。

---

2 發表於2016年浙江大學第一屆城市管理研討會。

3. 其次對於因人口逐漸減少並老化之現象，應做全面檢討，然而就城市層級應做因應，以爲人口老化時代做準備。

4. 城市脈象提供一個簡便的城市規劃管理數據。

第 **6** 章

城市精神
(Urban Spirit)

壹、為何要研究城市精神

　　城市精神是一座城市的靈魂，是一種文明素養和道德理想的綜合反映，是一種意志品格與文化特色的精確提煉，是一種生活信念與人生境界的高度昇華，是城市市民認同的精神價值與共同追求。[1]城市精神是一種氣質（ethos），一個社會的代表性精神普遍的心態。[2]

一、作用

　　一個國家需要擁有偉大的民族精神，一個城市同樣需要有自己的城市精神。城市精神對城市的生存與發展具有巨大的靈魂支柱作用、鮮明的旗幟導向作用與不竭的動力源泉作用。城市精神如一面旗幟，凝聚著一座城市的思想靈魂，代表著一座城市的整體形象，彰顯著一座城市的特色風貌，引領著一座城市的未來發展。一座城市沒有精神，就沒有靈魂，就沒有準確的核心理念定位，就沒有奮勇爭先的精神動力源泉。只有打造出自己的城市精神，才能對外樹立形象、對內凝聚人心，使全市上下團結一致、共謀發展。

[1] 百度百科：https://baike.baidu.com/item/%E5%9F%8E%E5%B8%82%E7%B2%BE%E7%A5%9E/10641343，上網日期2018.3.4。

[2] 也是市民精神（CIVICISM）：貝旦寧、艾維納·德夏里特著，吳萬偉譯，《城市的精神》，財信出版，臺北，2012年，p.15。

二、基本原則

　　城市精神綜合凝聚了一座城市的歷史傳統、精神積澱、社會風氣、價值觀念以及市民素質等諸多因素，對這些因素進行核心提煉與準確概括，並用恰當的表述語加以定位，就能打造出城市精神。

　　要科學打造城市精神應遵循一定的原則，即打造城市精神應遵循「植根歷史、基於現實、緊跟時代、引領未來」的原則。城市精神是在城市的整個發展過程中自然形成的，具有一脈相承的連續性，貫穿於一座城市的過去、現在與未來。城市精神只有植根歷史，才能內涵豐富、根基深厚；只有基於現實，才能形像生動、煥發活力；只有緊跟時代，才能承前啓後、引領未來。

　　（一）應遵循「植根歷史、基於現實、緊跟時代、引領未來」的原則。

　　（二）應遵循「形神合一、相得益彰」的原則。

　　（三）應遵循「獨樹一幟、突出特色」的原則。

　　（四）應遵循「內外兼顧、雙重導向」的原則。

　　在百度網站上，中國大陸提出以下幾個城市精神之形容語詞。

　　北京：愛國、創新、包容、厚德。

　　上海：海納百川，追求卓越。

　　南京：開明開放，誠樸誠信。

　　貝旦寧；艾維納・德夏里特（Daniel A. Bell、Avner de-Shalit）著，吳萬偉譯《城市的精神》一書中，舉出九個城市的特質：

（一）耶路撒冷：宗教之城。

（二）蒙特婁：語言之城。

（三）新加坡：建國之城。

（四）香港：享樂之城。

（五）北京：政治之城。

（六）牛津：學術之城。

（七）柏林：寬容之城。

（八）巴黎：浪漫之城。

（九）紐約：報復之城。

代表城市精神的事物：[3]

（一）公共紀念碑。

（二）交通。

（三）婦女上街。

（四）社區組成。

（五）貧民窟。

（六）劇院。

（七）自行車。

（八）街道雕飾。

（九）市民交往。

（十）計程車。

（十一）物質建設。

推廣城市精神的因素：[4]

3　同上註p.16。

4　同上註p.33。

（一）沒有貧富差距。

（二）與他城市有長期競爭關係。

（三）身分認同受到外來因素的威脅（如香港）。

（四）有實質性權威推行法律（如新加坡）。

（五）擁有偉大的城市規劃者。

（六）有一個外部機構宣傳。

貳、中醫中的「神」是什麼意思？

所謂「神」是指特定功能的外在表現。神是精神、意志、知覺、運動等一切生命活動的最高統帥。它包括魂、魄、意、志、思、慮、智等活動，通過這些活動，能夠體現人的健康情況。如：目光炯炯有神就是神的具體體現。古人很重視人的神，《素問‧移精變氣論》也說：「得神者昌，失神者亡。」因為神充則身強，神衰則身弱，神存則能生，神去則會死。中醫治病時，用觀察病人的「神」來判斷病人的預後，有神氣的，預後良好；沒有神氣的，預後不良。望神也是望診中的重要內容之一。

岐伯曰：「……兩精相搏謂之神，隨神往來謂之魂，並精而出入者謂之魄，所以任物者謂之心，心有所憶謂之意，意之所存謂之志，因志而存變為之思，因思而遠慕謂之慮，因慮而處物謂之智。」[5]

---

[5] 吳國定，《內經解剖生理學》，國立中國醫藥研究所，民國76年，p.437。

表6-1　五臟與情志

五臟	神志	情志	精氣神相關	七情耗傷
肝	魂	怒	悲哀動中傷魂	氣上
心	神	喜	怵惕思慮傷神	氣緩
脾	意	思	愁憂不解傷意	氣結（勞者氣耗）
肺	魄	悲	喜樂無極傷魄	氣消
腎	志	恐	盛怒不止傷腎	氣下（驚者氣亂）

中醫病因病機學

　　《內經》以情治情的五志相勝療法：「悲可以治怒，以愴惻苦楚之言感之：喜可以治悲，以謔浪褻狎之言娛之；恐可以治喜，以迫遽死亡之言怖之；怒可以治思，以汙辱欺罔之言觸之；思可以治恐，以慮彼志此之言奪之。就是『恐勝喜，喜勝悲，悲勝怒，怒勝思，思勝恐』。」主要是用各種方法引導患者排除或干擾原來的有害情志。

表6-2　五形志

五形志	原因	治法
形樂志樂	病生於肉	治以鍼石（針刺和砭石）
形苦治樂	病生於筋	治以熨引（熱敷導引）
形苦志苦	病生於咽嗌	治以百藥
形數驚恐	病生於不仁	治以按摩醪藥（藥酒）

資料來源：吳國定《內經解剖生理學》，p.452，形即身體志即精神。

參、臺灣五大城市的城市精神

表6-3　臺灣五大城市的城市精神

標準 城市	歷史（都 計制定）[6]	地理	政治	社會	經濟	城市 精神
1.臺北市	1900.8.23 人口約 268.3萬， 人口密度 第一	盆地	政治 中心	臺灣各 族群文 化與全 球文化 在臺北 市薈萃	臺北市 的房價 堪稱全 球第8 貴	無殼之 夢，人 文薈萃
2.新北市 （2010.12.25 改制）	1938.11.26 人口約398 萬，是全 臺人口最 多的市	特殊 地質	兩黨 互輪	典型的 移民城 市	製造業 和營造 業	包容自 在，邁 向卓越
3.臺中市	1900.1.6人 口約279萬	盆地	兩黨 互輪	臺灣京 都	工業城 市	潛力無 窮，臺 灣樞紐
4.臺南市	1911.7.23 人口約 188.6萬人	平原	民進 黨	健康城 市	服務城 市	古都風 範，歷 久不衰
5.高雄市	1908.5.1人 口277.6萬 人	熱帶	民進 黨	港都	工業城 市	朝氣蓬 勃，積 極向上

資料來源：本研究。

---

[6] 劉曜華副教授，《臺灣都市發展史》，逢甲大學都市計畫系，2004。

肆、城市的神治

都市之氣血精津液：交通運輸、財政、地理、生態。

都市之任督二脈：氣候爲督，歷史古蹟爲任。

一、城市情治

（一）怒：市民不滿抗爭

圖6-1 抗爭市民在監察院門口（2018.3.6筆者攝）

（二）喜：市民歡欣節慶遊行

圖6-2 2018.3.2臺北燈節遊行

資料來源：http://news.ltn.com.tw/news/life/breakingnews/2354844，上網日期2018.3.6。

（三）思：市民思索何去何從[7]

臺北市政府自104年底開始推動參與式預算，提供市民更多元參與公共事務的管道，讓市民藉由提案，重新參與自己的生活，與生活周遭市民、市府同仁共同討論，決定出可行方案，使預算使用上能更符合民眾需求與期待。

---

[7] 迎接高齡化社會港人思慮老有所依。「香港的人均壽命在增加，老齡人口所占比重逐年上升。按香港政府統計處的數字推算，全港65歲以上的人口會從目前的90萬，急增至2030年的210萬，長者比例則將由目前的13%增至30年後的28%。」http://wujhbn.pixnet.net/blog/post/32601447，上網日期2018.3.7。

（四）悲：市民悲傷

圖6-3 傾斜的翠堤雲門大樓

資料來源：發生於2018年2月6日23時50分的花蓮地震，https://zh.wikipedia.org/wiki/2018%E5%B9%B4%E8%8A%B1%E8%8E%B2%E5%9C%B0%E9%9C%87，上網日期2018.3.6。

（五）恐：市民驚恐

　　2014年8月10日聞氣色變！高雄氣爆案後，榮化正加緊丙烯吹驅作業，但高雄市民有如驚弓之鳥，只要有不明氣味就打119，高市消防局每天接獲50通以上漏氣報案，消防人員疲於奔命。

圖6-4　凱旋路下水道水位仍未見降低，成了凱旋河。（記者黃志源攝）

資料來源：http://news.ltn.com.tw/news/focus/paper/803343，上網日期：2018.3.6。

二、都市情治之治法

表6-4　都市情治之治法

怒（木）	喜（火）	思（土）	悲（金）	恐（水）
以悲剋木 化解肝及腎	以恐剋喜 化解心及肺	用怒剋思 化解脾	以喜剋悲	以思剋恐

伍、臺灣五大城市五形志

城市的形志以市長為代表。

表6-5 臺灣五大城市五形志及其治法

五都市長	五形志	原因	治法	市長治法
臺南市市長賴清德（李孟諺代理）	形樂志苦：雖連任於2017年9月，升任行政院長但尚未熟悉。	病生於脈	治以灸刺	血壓上升，多加磨練。
高雄市市長陳菊	形樂志樂：2010.12.25就任以來連任有機會再高陞。	病生於肉	治以鍼石（針刺和砭石）	養尊處優，克己修仁。
臺中市市長林佳龍	形苦治樂：2014.12.25千辛萬苦上任。	病生於筋	治以熨引（熱敷導引）	人力不足，續結善緣。
臺北市市長柯文哲	形苦志苦：政治素人2014.12.25打敗黨籍候選人，未來仍難料。	病生於咽嗌	治以百藥	改變作風，培養人才。
新北市市長朱立倫	形數驚恐：雖連任，但下一步何去何從？	病生於不仁	治以按摩醪藥（藥酒）	支持喪失，退穩江湖。

資料來源：本研究。

第 **7** 章

城市的治理方劑

（Urban Governance Prescrip-tions）

摘　要

　　本章共分爲五個部分，首先說明城市是一個有機體如同人體，有五臟六腑，並且各臟腑有其經絡。其次說明中醫治療疾病的內治原則，稱爲「治則」，包括「汗、吐、下、和、溫、清、補、消」八法等。第三說明城市治法共13項，針對13種都市問題運用中醫八法提出8×13種。第四外治：針灸3種與採用JW生態工法建設JW海綿生態城市，以適應氣候變遷、城市管理地理資訊系統治理方法。最後提出結論，就教先進。

關鍵詞：有機體、城市治理、中醫治則、氣候變遷、管理地理資訊
　　　　系統。

壹、前言

城市是一個有機體如同人體，有五臟六腑，並且各臟腑有其經絡，分述如下。

一、都市臟腑[1]

包括：臟（靜、實）陰經、肝（市府）、心（市長）、脾（能源）、肺（生態）、腎（治安、消防）、心包（稅賦）、腑（動）（虛）陽經膽（市議會）、小腸（交通場站）、胃（土地使用）、大腸（交通路線）、膀胱（廢棄物）、三焦（上下水道）。

既然人體如有疾病可用藥物加以排除，那麼，城市如有問題，也應可運用其原理原則予以處理，本文借助中醫治則，治法運用於城市治理，有助於主政者經營也。

貳、中醫治則

一、治則治法

中醫治療疾病的原則稱爲內治「治則」，是前人通過反覆臨床經驗歸納而成，是指導臨床處理疾病的準則。中醫治法的特點不僅重視消除致病的因素——邪氣，更重視人體的抗病能力——

---

1 李淳一，〈臺灣五大都市之診治——以中醫理論爲基礎〉，2016.11.26（浙大第一屆城管會），p.6。

正氣，依據「辯證論治」採取適當的治療方法，舉凡治療的基準、主標、順序、方法等，皆有一定法則，不得逾越，否則便會造成誤治。[2]中醫常用的治則有治本和治標、正治和反治、壯水制陽與益火消陰，以及運用五行生剋規律等隔治法，及所謂「汗、吐、下、和、溫、清、補、消」八法等。

（一）治本和治標

標本，主要用來分清疾病的主末和輕重緩急的情況。一般而言，標係指疾病的現象，本是指疾病的本質。臨床治療時，必須弄清標本的關係，因為同一性質的疾病常可表現各種不同症狀；而不同性質的疾病，有時也會表現相同症狀。另外標本的概念是辯證的，如從病因和症狀來分，病因為本，症狀為標；從症狀來分，原發症狀為本，續發症狀為標；從疾病新舊來分，本身舊病為本，新病為標，因此在治療上也有先後不同。一般情況下，是先治本後治標，但在特殊情形下，又有「急則治標，緩則治本」及「標本俱急，標本同治」的變法。

1.急則治標：若標病甚急，可影響患者的安危時，必須先治其標，後治其本。例如因脾病引起的腹水中滿症，見二便不通或喉風腫閉時，當先消除中滿喉閉，通利二便然後再按病因治其病本。

2.緩則治本：一般的慢性病，先治其本而標病自癒。如陰虛（病因為本）發熱咳嗽（症狀為標），用滋陰治本之法治陰虛，

---

[2] http://search.yahoo.com/_ylt=AwrsAVuzhktZ83cAuwGvr4lQ;_
   ylu=X3oDMTByYzhha3F2BGN，2017.6.22。

而發熱咳嗽症狀自癒。

　　3. 標本俱急，標本同治：大多於病情緊急之時，因在時間、條件上已不允許單獨治標或治本，必須標本同治。例如咳喘胸滿、腰痛、小便不利，一身盡腫，雖然病本在腎，病標在肺，但因水邪射肺，標本俱急，故須同時用利尿（腎）、發汗（肺）的治表來表裡雙解。

（二）正治與反治

　　「正治」亦稱「逆治」，即針對病情採用相反的藥物，施行「逆病氣而治之」，如《內經》所言：「虛者補之，實者瀉之，乾者潤之，溼者燥之，熱者冷之，寒者溫之」，故正治是一般正常治療的方法。「反治」亦稱「從治」，即針對病情，採用與病情相反的藥物，施行「從順病氣而治之」，如《內經》所言：「以熱治熱，以寒治寒」，故反治是對特殊病情的反常治法。

（三）壯水制陽、益火消陰法

　　實際上也是從根本著手的一種治法，並非見寒治寒、見熱治熱，而是採用培本清源的方法來解決。壯水制陽法適用於腎中真陰不足之症，用峻補腎中真陰來消除因腎陰不足而不能制陽的陽亢症狀，如頭暈目眩、舌燥咽痛、虛火牙痛、足跟痛、足心發熱、脈沉細數、兩尺較大等，方用六味地黃丸也。益火消陰法適用於腎中真陽不足之症，用知指峻補腎中真陽來消除因腎陽不足而無力溫化的陰凝症狀，如腰痛腳軟，半身以下有冷感，少腹拘急，小便不利或小便反多等，方用桂附八味丸也。

（四）五行生剋隔治法

某臟有病，若非他臟傳變而來則直接治療有病的臟腑。如心虛自病則直接補心即可。但五臟之間會互相影響，故有謂「虛則補其母」、「實則瀉其子」和「隔一隔二」的療法。

1.虛則補其母：依五行母子相生規律，當某臟氣虛時，可以間接補益它的母臟。如脾（土）與肺（金）是母子相生關係，脾為肺之母，肺為脾之子。如果肺氣不足可影響其母臟脾，如肺虛久咳，可用健脾來治，此即「培土生金」。

2.實則瀉其子：依五行母子相生規律，當某臟的病是因子實偏旺而引起，可以用實則瀉其子來治療。如肝（木）火偏旺，疏泄太過而影響腎（水）的封藏功，導致遺精夢泄時，即可清泄子實（肝火）來治療。

3.隔一隔二治法：多用於症候複雜的疾患，如肺（金）與肝（木）為制約關係，若肺金不足（肺虛）不能剋制肝木，而肝木會出現反剋即相侮的現象，如出現脅痛、口苦、咳嗽、咳血等，叫做木火刑金。同時因肝木過旺，影響脾土健運，出現脅痛吞酸、食慾不振、腹脹、大便泄瀉等症狀，故治療時要用培補脾土法，培土（補脾）即可生金（肺），金旺（肺氣充足）又可以制木，並防止木旺剋土，此即隔一（臟）隔二（臟）的治法。

（五）八法的運用

1.汗法：開泄腠理，逐邪外出，是為汗法。適用於外感初期表症、水腫、瘡瘍初起和麻疹將透未透時。

2.吐法：引導病邪，湧吐而出，是為吐法。適用於痰食停滯

胸膈胃脘，欲有上湧之勢，或誤食毒物尚在胃中等，此外吐法亦
可代替升提法，如癃閉或妊娠胞阻。

　　3. 下法：通泄大便，攻逐結滯，名爲下法。適用於胃腸熱
結、水結、蓄血、蟲積等病。

　　4. 和法：和解疏泄，使病邪從樞外解，是爲和法。適用於少
陽病證及肝脾不和等證。

　　5. 溫法：袪除寒邪，補益元陽，是爲溫法。適用於寒邪直中
三陰，或熱症轉爲寒症。

　　6. 清法：清熱保津，除煩解渴，是爲清法。適用於熱病表邪
已解，裡熱熾盛而無結實者。

　　7. 補法：補益氣血，協調陰陽爲補法。適用於正氣不足、體
力衰弱之患者。

　　8. 消法：漸消緩散，消導破堅，是爲消法。適用於慢性癥瘕
積聚而又不宜峻攻者。

參、城市治法

　　統合上述之說明，整理於表6-1。

表7-1　中醫治則與城市治理方法對照表

項目	治本	治標	標本並治	五行生剋	固本	汗	吐	下	和	溫	清	補	消
現代治理：經濟運行：次序、空間、財政　社會治理：治安、社區、問題		政府主導 城市企業	城市聯盟										
外部：城市權利	憲法保留：自治	城際合作 城市聯盟	姊妹市	城鄉合作	流域經濟	中央分權	地方自治	區域調整	姊妹市	城市聯盟	傑作[3]	區域合作	城邦國家

（接下頁）

3　法國新馬克思主義的空間理論學者列斐伏爾（Henri Lefebvre）提出了城市權的觀念，或者可以說我們的城市規劃和想像。

只是有一種需求要是不能被商業及文化基建所滿足的，那就是創作活動的需要，也是對資訊、符號、想像、遊樂的需求。在遊樂、性、運動、創意活動、藝術和知識裡，一個根本慾望的表現和時刻。城市的需求，不正是包括了對地方的需求嗎？一個同步和會遇到的地方，那不只是交換價值、商業和圖利的交易場。

我們要再追求新人文主義，城市新人文主義，城市社會的新實踐。鄉村社會是一個慶典與的社會，這一點比鄉土神話更待重生，

我們要創造新城市的新生活。

城市要成為一件傑作（oeuvre）。政策並非不足夠，只有社會力量才可實現這一點。社會力量要有力，便要有效

使用自然、技術及知識的整體。

跟自然權（right to the nature）不同，自然權只是把自然變成商品，那是偽權利。城市權（right to the city），

是一項呼籲，也是一項要求。這不是回到舊城市的權利，而是對城市生活轉化與更新的權利。只有居民，也就

是工人階級，才是這一點的實現中介。中產階級及貴族不再住，他們在酒店、城堡和船舶之間遊蕩。

當那些天天搭車上班的人，發夢也是嚮往這種道速，這說明了一件普遍的悲衰事情〔Henri Lefebvre. (1996).

"The Right to the City", Writings on Cities, pp.147~59〕。

（承上頁）

內部：市民參與

	自理[4]	中央補助	地方經濟	創意城市	社區發展	自救會	住戶委員	陳情	市經理	市議會	調解會	公聽會	聽證會	社區營造
土地	分區	監控	使用執照	容積獎勵	綠帶	綠覆率	開放空間	地上權	徵收	重劃	保護區	分區使用	更新	新鎮
居住	住者有其屋	避難屋	里民中心	地上權屋	法拍屋	資款自建	頂樓加建	宿舍	眷村	房貸	租賃法	達建	社會住宅	國宅
環境治理：黑臭河道汙染[5]	疏濬	限排	防汙處理	沉澱池	消化池	排水溝	氣曝	疑固	疏濬	排入海洋	溼地	微生物	生態修復	滲透
空氣汙染	排放	限排	防汙處理	通風	過濾	分區	分區規劃	等效排放	汙物排放	過濾	口罩	優化模型[6]	綠化	減排
廢棄物	燃燒	掩埋	焚化爐	回收	分類	再利用	燃燒	中間處理	掩埋	回收	儲存	分類	專技人員	減廢

（接下頁）

4　姚鑫、陳振光，〈論中國大城市管治方式的轉變〉，2002，《城市規劃》第9期，pp.36~39，大陸1980市帶縣（集中）1990嵌縣建市（分散）2001嵌綠並區（多中心）。

5　〈城市黑臭河道治理方法的研究與運用〉，2011(29)，http://www.lunwencloud.com/lunwen/science_technology/shuiligongcheng/20160713/382297.html，2017.6.24。

6　$MAX\ Q = \sum_{i=1}^{n} q_i$　$s.t.$　$AQ \leq S - Cbq_i \geq 0$　$q_i \leq q_{i0}$

式中：A為傳輸矩陣，$\mu g/(m^3 \cdot t)$；S為由控制目標確定的汙染物空氣質量濃度，$\mu g/m^3$；Cb為城市背景濃度值，$\mu g/m^3$；Q為汙染源排放量向量，t；t為[Q1、Q2、Qi、Q1782]；Qi為第i個網格源的排放量，t；Qi0基準年第i個網格的初始排放量，t；設置條件Qi FQi0是表示基於規劃過程中不增加新的汙染源的考慮。http://www.urbanchina.org/n1/2016/0111/c369546-28037844.html，2017.6.24。

（承上頁）

		音源防制	阻隔	保護	吸收	路徑控制	隔音設備	音源防制	吸收	移轉	保護	路徑控制	監控	設備	阻隔
應急治理	噪音　公共交通	引導	限行	分區	增設道路	大眾運輸	節能運具	分區	大眾運輸	收費	共乘	節約能源	引導需求	供給	管理
	防洪	教育	工程	水庫	儲水池	預警	保險	泄洪池	洪水平原	河道	透水	溼地	綠地	堤防	疏散
	防火	教育	消防設備	防火建材	儲水池	滅火器	區劃	自動偵測	自動警報	自動撒水	防火管理人	消防隊	區劃	防火牆	綠地
	抗震	教育	耐震材料	防災中心	避險	預測	分區	預警	遠離斷層劃設保護區	耐震補強	油壓減震器	減震	防災區劃	增加係數	吸震橡膠[7]
	氣候變遷	教育	氣候公約	防災中心	二氧化碳減量	預測	分區	調整[8]	課稅	減量	節約用水	綠能	分區	綠地	人造溼地
管理模式	生產消費														V
社團模式	領導	V											V		
支持增長	官商	V		V	V	V								V	
福利模式	官	V	V												

資料來源：本研究。

---

7 「隔離」震動，這意味著將建築物與土地隔離，做法包括在地基中埋入吸震橡膠。http://www.appledaily.com.tw/realtimenews/article/new/20160208/792891/2017.6.24

8 吳珮瑛〈氣候變遷對城市的經濟影響——對臺灣城市的啟示」〉，《臺灣國際研究季刊》第8卷第4期，頁131~60，2012年冬季號。

一、汗法

（一）城市權利方面是在中央集權的體制下中央分權；住民權利上是選出住戶管理委員會自行管理；土地治理上是城市有多的開放空間；居住治理上由於城市空間不足，故有頂樓加蓋之產生，這方面宜在不影響景觀與安全原則下放寬。

（二）在環境治理上：汙染河川用氣曝，空氣汙染採分區管制，廢棄物用燃燒，噪音採音源管制，交通採分區。

（三）應急治理方面：防洪採滯洪池，防火用自動偵測、抗震採預警制、氣候變遷採調整能源排放。

二、吐法

（一）城市權利方面是地方自治；住民權利上是住戶陳情；土地治理上是將城市公有土地為保有其資源採設定地上權，居住治理上各機關可多蓋宿舍供員工居住。

（二）在環境治理上：汙染河川將汙泥凝固，空氣汙染採等效率排放（即設定排放總量），廢棄物用中間處理，噪音採吸收，交通採大眾運輸。

（三）應急治理方面：防洪採洪水平原，防火用自動警報、抗震採遠離斷層、氣候變遷採排放課稅。

三、下法

（一）城市權利方面是區域調整；住民權利上是採市經理制；土地治理上是徵收；居住治理上多蓋郡村。

（二）在環境治理上：汙染河川將疏濬，空氣汙染採汙物排放，廢棄物用掩埋，噪音採移轉音源，交通採入城收費。

（三）應急治理方面：防洪採河道，防火用自動灑水、抗震採耐震、氣候變遷採減量。

四、和法

（一）城市權利方面是姊妹市；住民權利上是採議會制；土地治理上是重劃；居住治理上是優惠房貸。

（二）在環境治理上：汙染河川排放，空氣汙染採過濾，廢棄物用回收，噪音採保護，交通採共乘。

（三）應急治理方面：防洪採透水，防火用防火管理人、抗震採油壓減震器、氣候變遷採節約用水。

五、溫法

（一）城市權利方面是城市聯盟；住民權利上是調解會；土地治理上是保護區；居住治理上是租賃法。

（二）在環境治理上：汙染河川排放溼地，空氣汙染採用口罩，廢棄物用儲存，噪音採路徑控制，交通採節能源。

（三）應急治理方面：防洪採溼地，防火用消防隊、抗震採減震、氣候變遷採綠能。

六、清法

（一）城市權利方面是把城市視為傑作；住民權利上是公聽

會；土地治理上是分區；居住治理上是處理違建。

（二）在環境治理上：汙染河川用微生物法處理，空氣汙染採用優化模型[9]管制，廢棄物用分類，噪音採監控，交通採引導需求。

（三）應急治理方面：防洪採分區，防火用區劃、抗震採區劃、氣候變遷採分區。

七、補法

（一）城市權利方面是區域合作；住民權利上是聽證會；地治理上是更新；居住治理上是社會住宅。

（二）在環境治理上：汙染河川用生態修復法處理，空氣汙染採用綠化，廢棄物用專技人員，噪音採設備，交通採供給。

（三）應急治理方面：防洪採堤防，防火用防火牆，抗震採增加係數，氣候變遷採綠地。

八、消法

（一）城市權利方面是城邦國家；住民權利上是社區營造；土地治理上是新鎮；居住治理上是國宅。

（二）在環境治理上：汙染河川採滲透，空氣汙染採減排，廢棄物用減廢，噪音採阻隔，交通採管理。

（三）應急治理方面：防洪採疏散，防火用綠地，抗震採吸震橡膠、氣候變遷採人造溼地。

9　貝旦寧、艾維納‧德里特著，吳萬偉譯，《城市的精神》，財信出版，
　　臺北，2012年，p33。

肆、外治

一、針灸治療法

利用針灸治療人體疾病：

1.五俞穴：利用各經絡臟腑之五俞穴，作爲治療該經絡問題之節點。井——主肝系病候，滎——主心系病候，俞——主脾系病候，經——主肺系病候，合——主腎系病候。換言之，城市如有市府、市長、能源、生態、警消問題，即以各該俞穴治之。

表7-2 五俞穴表（參考《中醫大辭典》）與城市五俞

五臟		五俞				
		井（木）	滎（火）	俞（土）	經（金）	合（水）
手三陰	肺	少商（鄰里公園）	魚際（社區公園）	太淵（水岸發展區）	經渠（保護區）	尺澤（大公園）
	心包	中沖（收費站）	勞宮（銀行）	大陵（稅捐處）	間使（產業局）	曲澤（財政局）
	心	少沖（鄰長）	少府（里長）	神門（區長）	靈道（副市長）	少海（市長）
足三陰	脾	隱白（變電所）	大都（加壓站）	太白（瓦斯儲存槽）	商丘（發電廠）	陰陵泉（電力公司）
	肝	大敦（里幹事）	行間（里辦公室）	太衝（區公所）	中封（祕書長）	曲泉（市政府）
	腎	涌泉（派出所）	然谷（消防局）	太溪（警分局）	復溜（督察）	陰谷（警察局）

（接下頁）

（承上頁）

六腑		五俞					
		井（金）	滎（水）	俞（木）	原	經（火）	合（土）
手三陽	大腸	商陽（巷道）	二間（街道）	三間（廣場）	合谷（運動場）	陽溪（街口）	曲池（主要幹道）
	三焦	關衝（水溝）	液門（排水管）	中渚（雨水管）	陽池（防洪池）	支溝（大圳）	天井（水庫）
	小腸	少澤（巴士站）	前谷（捷運站）	後溪（總站）	腕骨（轉運站）	陽谷（港口）	小海（車航站）
足三陽	胃	厲兌（停車場）	內庭（公共設施）	陷谷（學校）	衝陽（工業區）	解溪（農業區）	足三里（住商工區）
	膽	足竅陰（議員服務處）	俠溪（活動中心）	臨泣（市場）	丘墟（販賣場）	陽輔（里民大會場）	陽陵泉（市議會）
	膀胱	至陰（垃圾蒐集站）	通谷（垃圾車）	束骨（分類場）	京骨（修理廠）	崑崙（回收廠）	委中（焚化廠）

2. 原穴：《難經》[10]第六十六難云：「五臟六腑有病者皆取其原也。」原穴之治法有單獨使用法及原絡配合應用法。主客原絡法是以發病本經為主、相表裡之經之絡穴為客。如喘咳為肺經病症，先取肺經本穴太淵復取相對應大腸之絡穴偏歷，其餘的經絡也仿照此方法。

---

10 中國哲學書電子化計畫，難經本義《六十六難論十二經之原》：十二經皆以俞為原者，何也？然：五藏俞者，三焦之所行，氣之所留止也。三焦所行之俞為原者，何也？然：齊下腎間動氣者，人之生命也，十二經之根本也，故名曰原。三焦者，原氣之別使也，主通行三氣，經歷於五藏六腑。原者，三焦之尊號也，故所止輒為原，五藏六腑之有病者，皆取其原也。http://ctext.org/wiki.pl?if=gb&res=186159，2017.10.1上網。

表7-3　城市絡穴

肺	大	胃	脾	心	小	膀	腎	包	焦	膽	肝
列缺	偏歷	豐隆	公孫	通里	支正	飛揚	大鍾	內關	外關	光明	蠡溝
敏感地區	圓環	產業園區	綠能場	市政會議	碼頭	汙水廠	交通大隊	國庫分署	河川	婚喪場	市府各委員會

　　3. 子午流注方法[11]：找出城市在各時辰特別活動節點，針對該節點予以關注管理。

表7-4　都市活動分析

時間／天干		甲日	乙日	丙日	丁日	戊日	己日	庚日	壬日	癸日
23時～1時	子	場站		道路		議會		土地		市府
1時～3時	丑		能源		警察		市長		上下水	
3時～5時	寅	土地		垃圾		場站		上下水		市長
6時～7時	卯		公園		市府		財政		垃圾	
7時～9時	辰	道路		議會		上下水		道路		能源
9時～11時	巳		警察		財政		能源		議會	
11時～13時	午	垃圾		上下水		停車場		垃圾		公園
13時～15時	未		財政		市長		公園		場站	
15時～17時	申	上下水		廠站		街道		議會		財政
17時～19時	酉		市府		能源		警察		土地	
19時～21時	戌	議會		土地		土地		廠站		警察
21時～23時	亥		市長		公園		祕書長		道路	

資料來源：〈城市子午流注—臺北市為例〉，2017.9.2筆者發表於上海第二屆城管會。

---

[11] 黃維三，《針灸科學》，國立編譯館，1985，頁601。

二、海綿生態城市

　　「海綿城市」（sponge city）一詞，在學術研究領域，乃以澳洲人口研究學者（Budge，2006）[12]所提出的意涵為最明確，其乃指城市像海綿般將郊區人口集中吸附，而致偏遠鄉村人口持續減少，同時城市面積不斷擴大。再者，城市的發展會導致建築密集、道路疊架、車輛集中、汙染累積，以及電力、油料、食物、水、廢棄物、廢水等各類物質匯集消耗或被創造。因此，海綿城市一詞也有學者意指城市問題的惡化趨勢。要創造海綿城市，城市內的所有鋪面，須改變為高承載、高透水鋪面，其必須具備以下必要條件：(1)高承載，鋪面的抗壓強度必須達到高運量的道路標準，也即能讓大卡車、重坦克等通行。(2)高透水，必須在各地破紀錄降雨出現時，表面逕流量趨近於零，亦即雨水直接穿透路面。(3)高儲水，鋪面之下設置相當厚度的碎石層，以儲存雨水，供平日與不時之需，也即是具備海綿功能。(4)創造鋪面下溼地，當鋪面之下的土壤能夠接觸到水與空氣時，生態系統就會自然發展，在鋪面之下形成溼地，也即是海綿中存在活的生命體。(5)平價，無論是造價與長期維護，都必須是平價，如此才可推廣到開發中及未開發國家。(6)永續性，鋪面的各種特性必須每年檢驗，確認不變，如平整、無裂痕、高承載、高透水、高儲水、地下溼地等。也因為如此，長期可以節省鋪面更換

---

[12] Budge, T., 2006: Sponge Cities and Small Towns: a New Economic Partnership. In The Changing Nature of Australia's Country Towns, Ed. by M. F. Rogers and D. R. Jones. P.38-52. Victorian Universities Regional Research Network Press, Ballarat, Australia.

或修護所浪費的資源與經費。

　　值得強調的是，大幅鋪設高承載高透水鋪面，根本不需要任何耗能機械動力裝備，地表氣孔是自動打開，水與空氣在鋪面上下自由流動，就好像活的皮膚氣孔全面打開，城市就再也不是存在於壞死的皮膚之上。

　　改變人工鋪面為JW工法鋪設的高承載高透水鋪面，已經非常成熟，並可以像組合拼圖般，跨區域推動，而達到全面性地改變。[13]

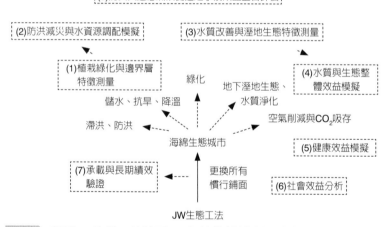

圖7-1　採用JW生態工法建設JW海綿生態城市以適應氣候變遷

備註：資料來源：范嵐楓、謝蕙蓮、陳章波，〈生物多樣性與生態環境-以生態工法營造海綿生態城市〉，中央研究院生物多樣性研究中心：臺灣溼地學會http://proj1.sinica.edu.tw/~hispj/program/doc/103/20150328Hwey-Lian%20Hsieh.pdf，上網日期2017.10.4。

---

13 柳中明、陳瑞文、陳起鳳、劉銘龍、陳明烈、陳瑞成、蕭香娟、陳世勳、陳庭豪2012年5月14日星期一，〈因應氣候變遷，創造海綿城市〉。陳瑞文、柳中明、陳起鳳、崔鳳修（2011）。〈高承載透水道路在「建築防洪」與「道路排水」應用之設計探討〉，低碳環境學會，頁52。

三、城市管理地理資訊系統

MIS（Management Information System）詞意為「管理資訊系統」，而非「資訊管理系統」，兩者意義不同。較詳盡的解釋為：MIS是一種人機整合系統，它提供資訊以支援，以支援組織的日常作業、管理以及決策活動。這類系統使用於電腦硬體、電腦軟體、作業程序、企業問題模式及資訊庫等科技，涵蓋的範圍從電腦硬體到軟體，融合企業流程，包含系統、程式開發，導入及問題處理，而非單指系統開發人員。MIS管理資訊系統組成成員如下：

人：包括資料提供者、處理者、資訊使用者以及決策者。

機：即資訊科技（IT），是電腦硬體、軟體及通訊三大領域。

資訊：包含原始資料及處理過的資訊。

組織：其存活在一個競爭環境中，透過組織體系中之人、機、資訊的靈活運用，從事日常作業、管理以及決策活動，來達到企業的目標。

MIS人員（或工程師）：具電腦應用能力及了解人類處理資訊能力者，透過與電腦之交互作用來處理事情。簡單說來是以電腦為主的人機系統。

至於MIS人員（工程師）日常所做工作內容為何，端看此MIS人員（工程師）所屬企業給予之工作及負責範圍，沒有一定之界限。[14]

---

[14] 什麼是MIS系統？ mISvu4wj/3https://tw.answers.yahoo.com/question/index?qid=20050421000011KK06714，上網時間2017.10.2。

城市既有五臟六腑之子系統，就將各子系統整合城市管理系統，使決策者易於掌控。各子系統如下表：

表7-5　城市管理地理資訊系統

肺	大	胃	脾	心	小	膀	腎	包	焦	膽	肝
生態	交通	土地	能源	市長	場站	廢棄物	警政	財政	上下水	市議會	市政
生態管理資訊系統（活動斷層、土石流）	交通管理資訊系統（公車事故、運輸網）	土地管理資訊系統（防災觀光、土壤）	能源管理資訊系統（自來水、電力、瓦斯、電話）	市長管理資訊系統（市民服務、國際交流）	場站管理資訊系統（併入交通）	廢棄物管理資訊系統（垃圾蒐集處理）	警政管理資訊系統（犯罪、消防）	財政管理資訊系統（財政收支）	上下水管理資訊系統（自來水、雨水、防洪）	市議會管理資訊系統（市民服務、預算議案審查、紀錄）	市政管理資訊系統（市政會議、城市交流、重大活動）

伍、結論

　　一、中醫治則為「汗、吐、下、和、溫、清、補、消」八法及針灸等，是中華民族透過長期經驗法則治療疾病的方法。

　　二、城市是一個有機體，與人體一樣，亦有疾病產生。透過中醫治法來治理城市問題，有異曲同工之妙。

　　三、在運用上，除八法為基本式，亦可視情況而變化。如「正治與反治」、「急則治標，緩則治本」及「標本俱急，標本同治」的變法。更透過中醫理論有：「壯水制陽、益火消陰法」、「五行生剋隔治法」。

四、現代城市治理內涵：包括：1.經濟運行：即經濟、次序維持、空間結構安排、市財政豐盈；2.社會治理：即治安、社區發展、社會問題。

五、透過八法理清三個層次（Dimention）：1.城市權利與市民參與；2.環境治理；3.應急治理。

六、城市問題隨著人口遷入，已是世界人類共同問題，而且涉及層次愈來愈高，也變成國家問題。

七、為了提升市民福祉，吾人應結合各專業，共同為市民服務造福人群。

參考文獻

1. 李淳一，〈臺灣五大都市之診治——以中醫理論為基礎〉2016.11.26，（浙大第一屆城管會）。

2. 李淳一，〈城市子午流注─臺北市為例〉，2017.9.23，上海第二屆城管會。

3. 徐吉志、周蕙蘋撰〈都市治理之基本意含與發展〉，http://wiki.mbalib.com/zh-tw/%E5%9F%8E%E5%B8%82%E6%B2%BB%E7%90%86，2017.6.22。

4. 〈城市管治理論及其在中國的實踐〉，公共管理研究，2002。

5. 都市治理模式分為顧客主義、統合主義、管理主義、多元主義、民粹主義五種〔資料來源：Alan Digaetano and Elizabeth Strom "Comparative Urban Governance –An Integrated Approach " Urban Affairs Reviews, 38(3) 2003, p366〕。

6. 姚鑫、陳振光〈論中國大城市管治方式的轉變〉，2002，《城市規劃》第9期，pp.36～39，大陸1980市帶縣（集中）1990撤縣建

市（分散）2001撤縣併區（多中心）。

7. 〈城市黑臭河道治理方法的研究與應用〉，2011(29)
http://www.lunwencloud.com/lunwen/science_technology/
shuiligongcheng/20160713/382297.html，2017.6.24。

8. 賀克斌、余學春、陸永祺、郝吉明、傅立新，〈城市大氣汙染綜合治理規劃方法〉，清華大學環境科學與工程系。http://www.
urbanchina.org/n1/2016/0111/c369546-28037844.html，2017.6.24。

9. 吳珮瑛〈氣候變遷對城市的經濟影響——對臺灣城市的啟示〉，臺灣國際研究季刊，第8卷第4期，頁131~60，2012年／冬季號。

10. 黃維三，《針灸科學》，國立編譯館，1985。

11. 柳中明、陳瑞文、陳起鳳、劉銘龍、陳明烈、陳瑞成、蕭香娟、陳世勳、陳庭豪2012年5月14日星期一，〈因應氣候變遷，創造海綿城市〉。陳瑞文、柳中明、陳起鳳、崔鳳修，2011，〈高承載透水道路在「建築防洪」與「道路排水」應用之設計探討〉，低碳環境學會。52頁。

12. Pierre（皮勒爾），1999: Models of urban governance / Urban Affairs Review,1999,34(3) .

13. Henri Lefebvre. (1996). "The Right to the City",Writings on Cities,pp.147~59.

14. Budge,T.,2006: Sponge Cities and Small Towns: a New Economic Partnership. In The Changing Nature of Australia's Country Towns,Ed. by M. F. Rogers and D. R. Jones.pp. 38~52. Victorian Universities Regional Research Network Press, Ball arat, Australia.

第 **8** 章

城市的復原

(Urban Healing)

摘　要

　　城市有如人體，若有疾病也可以慢慢恢復，這就是復原理論。本文共分六部分：

　　壹、復原理論。

　　貳、城市復原與再生：舉5個地區的災變做案例。

　　參、城市復原分析：分析5個城市復原過程。

　　肆、中醫治未病：說明中醫治未病理論。

　　伍、城市治未病：說明災前準備計畫與相關課題。

　　陸、結論。

壹、復原理論（Healing theory）：自我修復能力[1]

平時容易受損傷的、生理過程中經常更新的組織再生能力強。否則反之。

一、再生力強的細胞表皮細

胞：如呼吸道、消化管和泌尿生殖器的黏膜被覆上皮、淋巴細胞、造血細胞等，這些種類的細胞每時每刻都在進行衰老與新生，具有應對損傷的強大再生修復能力。

二、有較強再生力的細胞

各種腺體器官的細胞，如肝、胰、內分泌腺、汗腺、皮脂腺及腎小管上皮細胞等，當受到損傷時，表現出較強的再生能力。腺體上皮細胞破壞後，由殘留的上皮細胞分裂、補充。如果一個腺體小區完全被破壞，小區內的細胞全部壞死，該小區就不能被修復。屬於此類的細胞還有血管內皮細胞、骨膜細胞等。

三、再生力微弱或無再生力的細胞

中樞神經細胞和神經節細胞再生很脆弱，遭損壞後極難恢復原有功能。心肌細胞再生能力極弱，損毀後均由纖維結締組織

---

[1] https://baike.baidu.com/item/%E8%87%AA%E6%88%91%E4%BF%AE%E5%A4%8D，上網日期2018.3.23

代替，很難恢復原有的結構和功能。希波克拉底（Hippocrates）
說：「疾病的療癒是靠自身的自癒力，醫生只是協助而已。」[2]
最具體的例子是從眼睛虹膜可查知身體修復情況，Bernard
Jensen盛讚他的《虹膜學》中即有明示（圖8-1）。

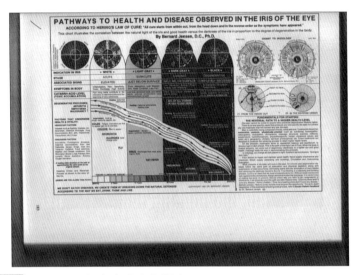

圖8-1 從眼睛對健康與疾病的觀察

（資料來源：Bernard Jensen: IRIDOLOGY: the science and practice in the healing
arts: Escondido, California U.S.A.1982. p.183.）

貳、城市的復原與再生

傳統都市再生的說法有如下幾種：1.都市重建（urban

---

[2] http://www.ysfoundation.org.tw/share_more.aspx?Id=404，上網日期
2018.3.23。

reconstruction）；2.都市復甦（Urban revitalization）；3.都市更新（urban renewal）；4.都市再利用（urban reuse）；5.都市再開發（urban Redevelopment）；6.都市再生（Urban regeneration）。

　　城市的復原與再生是整體的（holistic）再痊癒，與傳統再生有別。

一、1666年倫敦大火

　　（一）是英國倫敦歷史上最嚴重的火災，火勢自儒略曆9月2日（星期日）開始蔓延，至9月5日（星期三）才撲滅。火災燒毀了不列顛尼亞城牆內的中世紀倫敦市建築，並直逼貴族勢力範圍西敏寺、查理二世的懷特霍爾宮和許多近郊貧民區，但所幸及時獲得控制。火災損失包括13,200戶住宅、87座教區教堂、聖保羅大教堂以及多數市政府建築，估計造成城市8萬人口之中的7萬居民無家可歸。火災的死亡人數已不可考。

　　（二）1666年10月1日，建築師雷恩爵士（Sir Christopher Wren）提出了全倫敦市災後的修復方案。

　　以健康、體液來比喻一個健康與市民的關係[3]。把血液循環暗喻以及可行的模式。一個新的都市規劃不僅能治好倫敦的病，而且此一規劃是人體機械觀的終極表現。倫敦市的表現將會像一

---

[3] 「……我們要找出治癒之道……在此我們必須仿效內科醫師，當其發現病人體質徹底敗壞時，便會以各種手法，致力於緩解病情。進而尋求更好的治療方式。」Holly Tucker著，陳榮彬譯，《血之祕史》，大塊文化，2014，p.94。

具常常上油的機械，就像心臟可以把血液打出來，讓全市的人流與物流都暢通無阻。他設計出寬闊大街，把全市切成幾個方塊，寬闊的廣場則確保人貨暢通無阻，兩條大街〔一條在倫敦交易所（Royal Exchange），一條從倫敦塔（Tower of London）起始〕匯集於聖保羅大教堂之後，穿越佛利特河（Fleet River），盡頭是圓形廣場，像一個人頭（如圖8-2）。

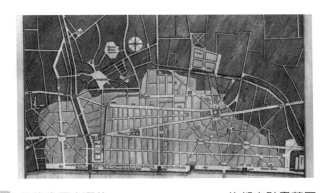

圖8-2　最後雀屏中選的Sir Christopher Wren的都市計畫草圖

（資料來源：https://elfistraveldiary.com/2017/09/28/the-great-fire-of-london-3/，上網日期2018.3.26。）

　　浴火之後的倫敦急需在廢墟中重生[4]，人們希望建造一個安靜漂亮的倫敦，一個擁有開闊街道和更多強防火性能房屋的倫敦。這給了建築師和城市規劃者一個全新打造倫敦的機會。包括雷恩（Christopher Wren）和胡克（Robert Hooke）在內的科學家建築師們都參與了競標，提出了不少方案。國王新徵了一項煤炭

---

[4]　https://zh.wikipedia.org/wiki/%E5%80%AB%E6%95%A6%E5%A4%A7%E7%81%AB，日期2018.3.26。

稅用於公共設施和教堂的重建，不過公開徵集的這些方案最終都沒有被採用。倫敦的重建修復工程還是在原有舊街道的基礎上進行了大量改良。雷恩爵士主持了包括聖保羅大教堂在內的倫敦城的修復工程，胡克則擔任了測量員及倫敦市政檢察官的職位。新房子、新下水道、人行道也第一次出現在拓寬的馬路上。值得一提的是，新房子不再是木屋，而都使用了磚塊。據資料記載，當時一位倫敦市民自豪的說：「這不僅是最好的，還是世界上最健康的城市！」[5]

　　倫敦城的重建花費大約50年的時間，聖保羅大教堂的修復更在1711年才完工。也就是說，很多經歷過大火的人在城市沒有完全改造之前就去世了，但這期間倫敦的經濟開始復甦。首先城市重建爲英國創造了大量就業機會，甚至造成了勞動力短缺。連鎖效應是，大量歐洲移民跨過海峽參與倫敦城的重建。同期的歐洲城市人口下降，而倫敦卻不降反升，成爲北歐最大的城市。

二、基督城震災重建[6]

　　（一）紐西蘭南島坎特伯雷地區於2010年至2011年間發生

---

[5] 原文網址：https://kknews.cc/zh-tw/history/ovk9zgq.html，上網日期 2018.3.26。

[6] 資料來源：https://www.ncdr.nat.gov.tw/Files/DisasterReduction/%E5%87% BA%E5%9C%8B%E5%A0%B1%E5%91%8A_%E5%8A%89%E6%80%A1 %E5%90%9B.pdf
NCDR-105-01-B-016第四屆都市減災國際會議The 4th International Conference on Urban Disaster Reduction，出國報告書，劉怡君助理研究員。105.12.15。

數次大地震，造成基督城及鄰近地區遭受嚴重衝擊。市中心內大量建築物倒塌，人員傷亡慘重，且經濟受損甚鉅；而在基督城東部靠近太平洋的區域，則出現嚴重的土壤液化災情。2011年坎特伯雷地震過後，基督城市中心發展部門（Christchurch Central Development Unit）匯集了市民、社區團體以及相關政府部門的意見和建議，於2012年制定了基督城市中心重建計畫（Christchurch Central Recovery Plan）。該計畫之目標，希望不僅將基督城恢復至災前的樣貌，而是建設成為一個更加美好且宜居宜人的花園城市。基督城市中心重建計畫主要以公共建設為優先執行工作，希望藉此提供企業投資誘因，並吸引人潮回流至中心商業區（Central Business District, CBD）；其重建標竿方案（anchor projects）包括帶狀公園綠地、河岸步道、公車轉運中心、各式運動休閒設施（包含板球場、體育館、運動中心、游泳池等）、兒童遊戲區、戶外廣場、國際會議中心、中央圖書館、文化中心、皇家劇院、地震紀念園區、表演藝術中心等。此外，重建計畫亦擬定更嚴格的耐震標準，且大幅縮減中心商業區的範圍，而建築物高度也會降低，以建立具備災害韌性之城市。以下首先整理基督城重建大事紀，然後再說明參訪重點。

（二）基督城地震重建大事紀

1. 2010 4 September 4:35am，發生規模7.1的強震，造成許多房屋受損與1人死亡。

2. 2011/22/February/12:51pm，發生規模6.3的淺層地震，由於地震深度僅5公里，故造成185人死亡、164人重傷以及鄰近地區大規模的損害。

3. 2011/14/March，內閣宣布成立坎特伯雷地震皇家調查委員會（Canterbury Earthquake Royal Commission of 12 Inquiry）。

　　4. 2011/18/April通過坎特伯雷地震重建法（Canterbury Earthquake Recovery Act 2011）。

　　5. 2011/29/March總理與基督城市長共同宣布成立坎特伯雷地震重建署（Canterbury Earthquake Recovery Authority, CERA）。

　　6. 2012/30/July基督城市中心發展小組（Christchurch Central Development Unit）公布基督城市中心重建計畫（或稱為藍圖）。

　　7. 2013/30/June全面解除市中心之地震衝擊封鎖區域，而紐西蘭民防部署也全部撤離。

　　8. 2016/7/April通過大基督城再生法案（the Greater Christchurch Regeneration Act 2016）。

　　9. 2016/18/April坎特伯雷地震重建委員會（CERA）完成階段性任務並解散，後續重建工作回歸相關單位。

　　（三）市中心復原重建情況

　　基督城市中心目前大部分嚴重受損區域的瓦礫殘骸皆已被清理乾淨，重建工作接續展開，而大多數的觀光設施也已開始重新營運；但是整體重建進度嚴重落後，除了臨時商業區與部分標竿方案已完成之外，僅有少數公共設施、商業建築物與住宅區正在興建中，其餘地區仍然一片荒蕪。

　　（四）土壤液化地區限建情況（圖8-3）

　　基督城東部地區原為沼澤地，又因河川蜿蜒流經該地，地盤

鬆軟，在地震震動之後，產生大面積的「土壤液化」現象，約有
1萬棟房屋因土壤液化關係，嚴重受損。坎特伯雷地震重建委員
會根據震後調查報告，將嚴重土壤液化的沿河區域劃設為限建區
（Red-Zone）；位於限建區的住宅面臨了限住問題，受損的房屋
也被拆除，且不得修復或重建。紐西蘭政府目前已透過土地徵收
的方式，買回超過7,000筆以上的受影響住宅區土地。

圖8-3　土壤液化限建區內的房舍已被拆除

資料來源：https://www.ncdr.nat.gov.tw/Files/DisasterReduction/%E5%87%BA%E5
%9C%8B%E5%A0%B1%E5%91%8A_%E5%8A%89%E6%80%A1%E5
%90%9B.pdf，上網日期2018.3.27。

三、福島再生

（一）前言

　　2011年3月11日14時46分（當地時間）發生於日本東北地方外海三陸沖的地震規模9.0（USGS修正為地震規模9.1）的大型逆衝區地震。震央位於宮城縣首府仙台市以東的太平洋海域，震源深度測得數據為24公里（14.9英里），並引發最大溯上高40.1公尺的海嘯。此次地震是日本有觀測紀錄以來，第一個規模超過9的地震，也是日本史上規模最大的地震，引起的海嘯也是最為嚴重的，加上其引發的一系列災害及核洩漏事故，導致大規模的地方機能癱瘓和經濟活動停止，東北地方部分城市更遭受毀滅性破壞。（如圖8-4）

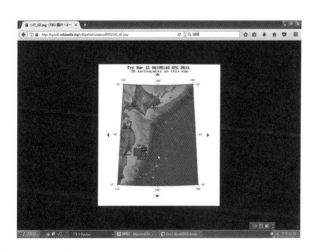

圖8-4　2011年福島地震

資料來源：https://zh.wikipedia.org/wiki/2011%E5%B9%B4%E6%97%A5%E6%9C
%AC%E6%9D%B1%E5%8C%97%E5%9C%B0%E6%96%B9%E5%A4
%AA%E5%B9%B3%E6%B4%8B%E8%BF%91%E6%B5%B7%E5%9C
%B0%E9%9C%87，上網日期2018.3.23。

（二）福島復興再生特別措置法（2012年，平成24年3月31日法律第25號）

（三）促進福島可再生能源（圖8-5、圖8-6）

圖8-5　福島可再生能源計畫(1)

資料來源：ttp://www.pref.fukushima.lg.jp/site/portal/list275-862.html，上網日期
2018.3.23。

圖8-6　福島可再生能源計畫(2)

資料來源：http://www.pref.fukushima.lg.jp/site/portal/list275-862.html，上網日期
2018.3.23。

四、2014年高雄氣爆事故[7]

（一）原因

　　2014年7月31日23時55分之後，至8月1日凌晨間，發生在臺灣高雄市前鎮區與苓雅區的多起石化氣爆炸事件（圖8-7）。7月31日約21時，民眾通報疑似有瓦斯外洩。幾個小時後，該區域發生連環爆炸，造成32人死亡、321人受傷，並造成至少包括三多一、二路、凱旋三路、一心一路等多條重要道路嚴重損壞，周邊店家也因爆炸破壞而造成重大經濟損失。

圖8-7　三多一路與武慶三路路口

資料來源：https://zh.wikipedia.org/wiki/2014%E5%B9%B4%E9%AB%98%E9%9B
%84%E6%B0%A3%E7%88%86%E4%BA%8B%E6%95%85，上網日
期2018.3.24。

---

[7] https://zh.wikipedia.org/wiki/2014%E5%B9%B4%E9%AB%98%E9%9B
%84%E6%B0%A3%E7%88%86%E4%BA%8B%E6%95%85，上網日期
2018.3.24。

（二）事故原因調查

　　事發隔天高雄市政府於8月1日派員至中油前鎮儲運所，蒐集業者管線操作紀錄。發現華運公司到李長榮化工大社廠間，管徑四吋的丙烯輸送管線出現壓力異常。該管線爲現有三條丙烯輸送管線中，唯一於7月31日有輸送紀錄者。經比對華運公司及李長榮化工管線操作紀錄，發現31日晚間8時43分21秒，管線壓力異常下降，從每平方公分約40公斤下降至13公斤。李長榮化工大社廠於8時55分去電華運表示沒收到丙烯，華運於9時20分重新輸送，但發現輸送管壓力未上升後再度停止。雙方於晚間9時40分至10時10分間將閥門關閉，進行管線壓力測試後，認爲管線無漏，於10時15分再次恢復供料，至11時35分華運停止丙烯輸送。高雄市政府估計事故前3小時，至少有132分鐘持續輸送丙烯，估算有10公噸外洩。一般化工業界在管線輸送時，只看得到輸送端與接收端己方資訊，沒有一家公司可以看到兩家公司的壓力，就像家用的瓦斯表，瓦斯公司有儀器可看出氣體壓力的變化，但是家裡不會有可以看到壓力的儀器。因輸送端同時有輸送時的壓力及流量，所以華運應該可以判斷是否有外洩的可能性，榮化爲接收方，只看得到流量的變化，以及接收端穩定的持壓。當天操作過程中，榮化未接到華運通知管線有丙烯外洩。歷經3個多小時，無法阻止高雄前鎮氣爆的發生，事後也引發「倚賴業者自主管理是否足以防災」的重要討論。

（三）國軍派兵出動支援

圖8-8　國軍正在清掃路段

資料來源：同圖8-7。

　　國防部災害應變中心配合中央災害應變中心於8月1日凌晨1時完成一級開設，第4作戰區災害應變中心亦同步開設，並調派中華民國陸軍第八軍團與中華民國海軍陸戰隊所屬部隊官兵1,307人、50車，另陸軍步兵訓練指揮部（陸軍步兵學校）及中華民國憲兵第204指揮部也派出人員、機具協助救災，包括派遣陸軍三九化學兵群到現場偵測殘留燃氣、陸軍七五資電群、陸軍五四工兵群、陸軍四三砲兵指揮部及陸軍裝甲兵五六四旅（圖8-8）土石清運、協助清理家園、載運重物。

（四）中央與各縣市支援

　　中央災害應變中心調度內政部消防署特種搜救隊5人、2車，高雄港消防隊消防員15人、6車，環保署毒災應變隊11人，另協

調臺南市政府消防局消防員45人、22輛消防車，屏東縣政府消防局消防員9人、4輛消防車，共計1,392人、84車支援搶救，另外臺東縣、嘉義市、臺北市、新北市、桃園縣、臺中市、彰化縣等縣市消防局也陸續派員南下協助救災。總計調度消防人員累計764人次、240車次、45臺生命探測器及21隻搜救犬積極搶救。

（五）其他支援

　　台積電公司8月5日進駐高雄氣爆區參與民宅修繕、臨時道路鋪設、搭建臨時便橋等救災。慈濟在氣爆發生後，當地慈濟志工深夜分工前往醫院協助及後續協助。網路社群g0v零時政府提供各項資訊、捐助物資與志工募集等協助。Madhead捐款300萬、青暘企業捐贈救災用途的氣球燈放置在指揮中心。

（六）落幕

　　2015.11.18完成災害賠償和解，2015.11.19工廠全部復工，2016.8.31國賠訴訟認定。

五、2018花蓮大地震

（一）緣起

　　2018年2月6日23時50分42.6秒，震央位於北緯24.14度、東經121.69度，地震規模為ML6.0，震源深度約10.0公里，花蓮縣花蓮市、太魯閣、宜蘭縣南澳測得本次地震最大震度為7級。

（二）災情

　　本次地震災情主要集中在花蓮縣花蓮市，位於該市的統帥大飯店大樓一、二樓倒塌，飯店中有17人受困。「雲門翠堤大樓」呈現45°傾斜。遠東百貨花蓮店舊址大樓結構受損有安全疑慮而必須拆除。位於國盛六街的住宅社區大樓「白金雙星」及「吾居吾宿」低樓層遭壓毀。縣道193號七星潭大橋結構變形、臺11線花蓮大橋路面隆起。臺鐵花蓮車站月臺及多處路段隆起崩裂，已經封閉。有17人罹難，200餘人受傷，其中包括9名中國大陸遊客不幸罹難、1名重傷、1名輕傷。依罹難地區分，雲門翠提大樓有14人罹難，統帥飯店則有1人遇難，另有2人在民宅中遇難。根據花蓮縣災害應變中心統計，地震過後至7日上午12時，全花蓮就醫人數共計241人。教育部調查各校災損狀況，截至8日下午8時爲止，共有172所各級學校受災、估計災害損失達新臺幣9,879萬元。其中，國立東華大學位於花蓮市美崙地區的創新研究園區（原國立花蓮教育大學舊址），地處米崙斷層北端，地震後校園內外道路有多條裂縫，而距離米崙斷層僅15公尺的音樂教育館，爲該校圖書館書庫所在，地震後因損毀嚴重暫停開放。據災後統計，花蓮縣約有48間公司與工廠有直接經濟損失，金額預估高達新臺幣2.8億元。[8]

（三）救援情況

　　主震於6日23：50發生後，內政部於7日0時成立中央一級災

---

[8]　https://zh.wikipedia.org/wiki/2018%E5%B9%B4%E8%8A%B1%E8%8E%B2%E5%9C%B0%E9%9C%87，上網日期2018.3.26。

害應變中心，內政部長葉俊榮擔任指揮官，行政院長賴清德於0
時50分至中心督導指揮救災。內政部消防署共調度中央及地方
17個消防機關，總計出動搜救人員391人、搜救犬20隻。陸軍花
東防衛指揮部指揮官賀政中將於0時25分抵達倒塌之統帥大樓勘
災。國防部於0時30分成立「災害應變中心」，由當時的部長馮
世寬坐鎮指揮各單位搜救進度，花防部1時10分於花蓮市國聯五街
開設前進指揮所，凌晨2時30分已動員支援兵力398名官兵、中型
戰術輪車7輛、輕型戰術輪車1輛、救護車13輛、照明車1輛與消防
車1輛執行救援任務。當日21時前已投入661員兵力。（圖8-9）

圖8-9　來自臺灣各地協助救援任務的人員，在花蓮震災現場持續進
　　　行搜救任務
資料來源：https://zh.wikipedia.org/wiki/2018%E5%B9%B4%E8%8A%B1%E8%8E
　　　%B2%E5%9C%B0%E9%9C%87，上網日期2018.3.26。

　　花蓮縣長傅崐萁亦開設地方應變中心。花蓮縣政府宣布在花
蓮縣立體育場設立臨時收容中心，並宣布2月7日停班停課。花蓮

市長魏嘉賢在第一時間指示市公所開設一級防災應變中心，並分別在小巨蛋、中華國小活動中心成立收容中心。佛教慈濟醫療財團法人花蓮慈濟醫院在地震發生後，隨即啓動「紅色九號」，同時召回300多名醫護人員協助災後救治。

臺北市長柯文哲在凌晨於臉書貼文指出，臺北市搜救隊共30人已在臺北松山機場集合，且已由軍機運送前往花蓮，臺北市政府會全力支援救災；新北市長朱立倫則表示，新北市搜救隊一共派出93位搜救隊員，工程和醫療人員也已待命，只要有需要，隨時出發。

中華民國總統蔡英文上午7時20分前往花蓮南美命營區「第二戰區災害應變中心」聽取救災簡報，表示不准放棄任何救人與救災機會，讓人民的生活儘快恢復正常。隨後，蔡英文前往花蓮慈濟醫院探視受災傷患，並在醫院發現有中國大陸自由行觀光客腳受傷及證件遺失問題等，乃指示海基會了解相關情況。

（四）究責檢討

1. 地基與違規建築；2. 證據與拆屋問題；3. 全國樓檢與重建。

參、城市復原分析

表8-1　城市復原分析

復原期 城市	急性	亞急性	慢性	退化（復原）
1.倫敦	1666.9.2～9.5火災	1666.9.6～10.1提出改建方案	1666～1711	1711聖保羅教堂復建完成
2.基督城	2010.9.4～2011.2.22震災	2013.6.30民眾撤離	2016.4.7再生法	2016.4.18委員會解散
3.福島	2011.3.11～3.19地震核洩	2011.12.6控制核洩	2011.12.7～2018.3.27	2018.3.28～
4.高雄	2014.7.31～8.1氣爆	2014.8.2～8.5積極搶救	2014.8.6～2015.11.18	2015.11.19
5.花蓮	2018.2.6～2.8地震	2018.2.9～2018.3.2建築物倒塌（傾斜）完全拆除	2018.3.3～2018.3.27	2018.3.28～

資料來源：本研究整理。

肆、中醫治未病

一、《黃帝內經》

《素問·四氣調神大論》中指出：「聖人不治已病治未病，

不治已亂治未亂，此之謂也。」[9]

　　「經言『上工治未病，中工治已病』者，何謂也？然，所謂『治未病』者，見肝之病，則知肝當傳之於脾，故先實其脾氣，無令得受肝之邪，故曰『治未病』焉。『中工治已病』者，見肝之病，不曉相傳，但一心治肝，故曰『治已病』也。」

　　原文的大意是：《黃帝內經》中說，高明的醫生治人於未病，一般的醫生治人於已病。這是什麼意思呢？是這樣的。所謂治未病，是說能洞見疾病的發展趨勢，有效地制止疾病的傳變，預先控制病程。例如：診察到肝臟有病，就預見到肝病將會傳給脾臟，因而預先補益脾的機能，充實脾氣，使得脾臟能夠抵禦肝邪的侵襲。這就叫做治未病。一般的醫生，雖然也能診察到肝臟有病，但他不通曉互相傳承的道理，只是一心去治肝，所以這就叫做治已病。未病先防[10]

　　未病先防重在於養生。主要包括：法於自然之道，調理精神情志，保持陰平陽祕。

（一）法於自然之道

　　顧名思義，順應自然規律的發展變化，起居能順應四時的變化：春三月，應晚睡早起，在庭院裡散步，舒緩身體，以使神智隨生髮之氣舒暢；夏三月，應晚睡早起，不要厭惡白天太長，應使腠理宣統，使陽氣疏泄於外；秋三月，應早睡早起，保持意志

[9] 原文網址：https://kknews.cc/zh-tw/health/ynn89gj.html，上網日期2018.3.28。

[10] https://baike.baidu.com/item/%E6%B2%BB%E6%9C%AA%E7%97%85，上網日期2018.3.28。

安定，使精神內守，不急不躁；冬三月，應早睡晚起，等到太陽出來再起床，避開寒涼保持溫暖，不能讓皮膚開張出汗而頻繁耗傷陽氣。對於四時不正之氣能夠及時迴避，能夠順應「春夏養陽，春秋養陰」的法則，即春夏順應生長之氣以養陽，秋冬順應收藏之氣以養陰。

（二）調理精神情志

即保持精神上清靜安閒，無欲無求，保持心志閒舒，心情安寧，沒有恐懼，調整自己的愛好以適合世俗習慣，不生氣，不使思想有過重的負擔，以清靜愉悅爲本務，以悠然自得爲目的，春天使情志隨生髮之氣而舒暢，夏天保持心中沒有鬱怒，秋天保持意志安定不急不躁，冬天使意志如伏似藏，保證心裡充實。這樣一來，真氣深藏順從，精神持守而不外散。

（三）保持陰平陽祕

《黃帝內經》所說：「陰平陽密，精神乃治，陰陽離絕，精氣乃絕。」闡明了陰陽的平祕對生命活動的重要意義。調和陰陽是最好的養生方法，陽氣固密於外[11]，陰氣才能內守，如果陽氣

---

[11] 陰平陽密：陽能祕藏，不顯露，不泄動，不往外散失。單純的陽是永不止息，流逝不返的能量。其線性的，有去無回的運動方式，成不了生命。要成就生命，必須一種圓形的、循環的運動方式。這種方式有出有入，有去有回，有升有降，有散有收，才能一個又一個循環地維持下去，所謂可持續發展是也。如果將入、回、降、收等概念總括爲一個「祕」字的話，則其相反的出、去、升、散等，便可用一個「泄」字來代表。祕與泄，是相反的一對。但陽是能量，易動難靜，易放難收，是易泄難祕。陽要循環，才能成就生命，故陽貴乎能祕，不貴乎能泄。陰

過於亢盛，不能固密，陰氣就要虧耗而衰竭；陰氣和平，陽氣周密，精神就會旺盛；如果陰陽離絕而不相交，那麼精氣也就隨之耗竭。

二、既病防變

既病防變，顧名思義，已經生病了就要及時治療，要能夠預測到疾病可能的發展方向，以防疾病進一步發展。

疾病的發展都有順逆傳變的規律，正確預測到疾病的發展，則能及時阻斷疾病的加重或轉變。在中醫理論基礎中，臟腑之間有陰陽五行相生相剋的關係，所以在疾病的發展傳變中，主要包括五行傳變，表裡內外的傳變。

（一）五行傳變

五行傳變中，包括母子傳變及乘侮關係的傳變兩種。

1. 母子關係的傳變包括「母病累子」，即疾病從母臟傳來，病依據相生方向侵及屬子的臟腑。「子盜母氣」即病變從子臟傳來，侵及屬母的臟腑。

2. 乘侮關係的傳變包括「相乘傳變」，即相剋太過而導致疾病傳變，「相侮傳變」即反剋為害。

是陽的載體，陽是陰的驅動力。陽要祕藏，自必祕於陰中。陽主導而陰跟從，既然陽祕而不動，則陰也就平靜了。這是陰平的意義。陰要平，必須陽要祕。陽祕陰中，則陰與陽是結合的，能成為生命。http://www.cmedinclassics.hk/%E9%99%B0%E5%B9%B3%E9%99%BD%E7%A7%98/，上網日期2018.3.28。

（二）內外表裡傳變

疾病的內外表裡傳變，主要是指經絡與臟腑的內外表裡傳變。

在正常生理情況下，經絡有運行氣血，溝通表裡，聯絡臟腑及感應傳導的作用，所以在病理情況下，經絡就成為傳遞病邪和反應病變的途徑，《素問・皮部論》中說：「邪客於皮則腠理開，開則邪客於絡脈，絡脈滿則注於經脈，經脈滿則入舍於臟腑也。」說明了經絡是從皮毛腠理內傳於臟腑的傳變途徑。因此，在疾病產生後，可以透過對此傳變規律的分析進行預防。

伍、城市治未病

一、災前重建準備計畫

現行災害防救法第36條規定：「為實施災後復原重建，各級政府應依權責列入災害防救計畫，並鼓勵民間團體及企業協助辦理；公共事業應依其災害防救業務計畫，實施有關災後復原重建事項。」然而人口與建物稠密的都市地區若遭遇大規模震災，往往導致重大災損，同時規模龐大的都市重建工作曠日廢時。由於災後重建啟動階段（約災後1～3個月）的政策須同時整合各項減災措施，為達減災目標，須事前研擬一套完善災前重建準備計畫，本研究主要目的在於平常時即建構完整重建規劃機制（災前復原重建準備），以利公私部門規劃單位在災後重建啟動階段，便能即時啟動重建機制，確保事後重建工作啟動的迅速性與即時

性，達到各項重建政策的綜合性，同時在重建營造實施期（約災後6～12個月）達成居民的有效參與。災前重建準備計畫之重要工作，應包括釐清重建工作之權責歸屬、彙整災民慰助金與救助機制、建立重建協調整合機制等面向。其次，災前重建準備計畫觀點之重要性，需要克服短期與長期重建目標相衝突的問題，並能加快重建的速度，同時整合重建計畫中減災、整備的精神，使重大災害災後復原重建工作更加完善。[12]

二、城市韌性：容受力與回復力[13]

　　近年來，全球城市風險呈上升趨勢，且面臨的風險日趨多樣化。勞合社日前發布的《全球城市風險指數報告》[14]（以下簡

---

[12] 李泳龍、戴政安、萬華恩、李馥潔，〈大規模震災災前都市重建計畫之規劃〉https://ncdr.nat.gov.tw/enhance/Upload/201105/admin_201105 19100555_99-059_%E5%A4%A7%E8%A6%8F%E6%A8%A1%E9%9C%87%E7%81%BD%E7%81%BD%E5%89%8D%E9%83%BD%E5%B8%82%E9%87%8D%E5%BB%BA%E8%A8%88%E7%95%AB%E4%B9%8B%E8%A6%8F%E5%8A%83.pdf，上網日期2018.3.27。

[13] http://xw.sinoins.com/2017-05/17/content_231011.htm，上網日期2018.4.3。

[14] 2015.9.15英國的倫敦勞依茲（Lloyd's）保險市場根據劍橋大學賈奇商學院風險研究中心的調查報告，於本月初發表〈2015～2025城市風險指標〉，評估這些大城市面臨18項災害威脅的承受能力，臺北市是臺灣唯一接受評比的城市。

根據評估，自今年至2015年，包括金融市場危機、傳染病、風災、地震、核災、太陽風暴等18種災害，預計將對受評比的城市造成共約4兆5,600億美元（約新臺幣147兆7,111億元）的經濟損失，臺北市的貢獻度最高，其次是東京、首爾。

勞依茲預估，這些災害在這10年內，將讓臺北市損失約45%的GDP（Gross Domestic Product，國內生產毛額），約5兆8761億元，其中

稱《報告》）指出，在2015年至2025年的10年中，全世界301個主要城市可能會面臨多達18種自然和人爲風險，這些風險對全球GDP造成的損失，預計可能高達4.6兆美元。城市是個縱橫交錯、極爲複雜的系統，由多種多樣複雜的機構、生態系統、資產和基礎設施組成，它們相互關聯、相互依存。這個系統中的任何一部分遭到破壞，比如公用事業、交通、通信、供水系統等，都很有可能導致其他部分癱瘓，因此對當地甚至全球造成深遠影響，這使得城市風險評估工作極具挑戰性。

　　儘管很多城市已將風險管理列爲城市管理的工作重點，但這還遠遠不夠。政府、投資者、保險公司都希望將建立復原能力作爲解決城市風險的有力補充。爲了更好地管理風險，從未來的災害中儘快復原，基礎設施的管理者和運營者必須跳出單一資產風險管理的窠臼，在整個基礎設施體系內和系統間建立起有效的復原力，這就需要考慮突發事件發生時，基礎設施性能可能發生的改變。

　　這就是臺北大學都市計劃研究所的廖桂賢教授於專文中指出，簡易來說，韌性指的是系統遭遇外力擾動後，仍可維持其主

44.78%的預期經濟損失由風災造成，16.38%起因地震，另15.77%可能是因金融市場波動。

其餘對臺北市的10大可能威脅，分別來自水災、石油價格波動、傳染病、火山爆發、網軍攻擊、電力供應不足以及乾旱。另外，該份研究特別指出，除天災外，人爲災害對臺北市的威脅度，居全球各大城市第4位。報告也提到，雖離臺北市不遠的核四廠已經停建，因臺灣有6座運轉中的核電機組，核災可能帶來的經濟風險，也高居第5位。

要架構與功能的能力。[15]

　　彰化師範大學地理學系助理教授盧沛文則進一步將韌性分為兩種面向來探討。城市在面對不確定衝擊時（例如天災、經濟衰退、恐攻事件及能源危機），具有的「容受力」及「回復力」——容受力指的是城市在面對衝擊時，讓災情最小化的能力；回復力則代表城市受到衝擊後恢復生活秩序、達到新平衡的能力。

三、相關課題[16]

　　（一）應用仙台減災綱領於災害風險減輕與重建規劃（Leveraging the Sendai Framework for DRR and recovery planning）。

　　（二）近年災害事件之重建經驗學習（Recovery learnings from recent disasters）。

　　（三）民間組織於都市減災與永續災後重建之貢獻（How non-government organizations and institutions contribute to urban disaster reduction and to sustainable disaster recovery）。

　　（四）學術研究於地方重建實務之應用（Application of academic research into local recovery practice）。

---

[15] http://www.seinsights.asia/specialfeature/5065/5109，上網日期2018.4.3。

[16] 資料來源：https://www.ncdr.nat.gov.tw/Files/DisasterReduction/%E5%87%BA%E5%9C%8B%E5%A0%B1%E5%91%8A_%E5%8A%89%E6%80%A1%E5%90%9B.pdf,1NCDR-105-01-B-016，劉怡君助理研究員：第四屆都市減災國際會議The 4th International Conferenceon Urban Disaster Reduction，出國報告書，105.12.15。

（五）重建規劃，長期的持續整備（Recovery planning, sustaining preparedness over the long run）。

（六）調整社會脈絡以建立韌性城市（Creating resilient cities through adaptive social contexts）。

（七）透過政府間關係轉移重建之實踐與政策（Transfer of recovery practice and policy through inter-government relations）。

（八）影響重大重建成果的經濟、政治、文化或管理因素（Influence of economic, political, cultural or regulatory factors on ambitious recovery efforts）。

（九）中小企業與企業持續營運規劃於社區永續災後重建之角色（The role of SMEs and business continuity planning in the sustainable disaster recovery of communities）。

陸、結論

（一）利用中醫治未病的理論，在城市未發生問題之前，即有妥善之措施，不致措手不及。

（二）若發生問題，應先解決當下之問題，不可再衍生其他問題，例如花蓮震災相關工作尚未完畢，衍生善款使用問題。

（三）城市每日有大小不同事情發生，若市民充分合作，即可化解問題。

參考文獻

1. 韓偉、凌林、譚經正、朱春全、劉小海，編譯，《災後重建參考指南》，世界自然基金會中國辦公室，2008.6.20。

2. 李泳龍、戴政安、葛華恩、李馥潔，http://morakotdatabase.nstm.gov.tw/download-88flood.www.gov.tw/MorakotPublications/書本類檔案/內政部_大規模震災災前都市重建計畫之規劃.pdf，上網日期2018.3.27。

3. 劉怡君助理研究員，第四屆都市減災國際會議The 4th International Conference on Urban Disaster Reduction，出國報告書。105.12.15.

4. 盧偉民著，林錚顗譯，《都市重建之道——宜居創意城中村》，遠見天下文化，2013.12.10。

5. Bernard Jensen: IRIDOLOGY: the science and practice in the healing arts: Escondido ,California U.S.A.,1982.

6. Holly Tucker著，陳榮彬譯，《血之祕史》，大塊文化，2014.4。

Date _____/_____/_____

Date _____/_____/_____

Date _____ / _____ / _____

國家圖書館出版品預行編目資料

都市發展診斷與策略：運用中醫理論解決城市
問題／李淳一著. -- 初版. -- 臺北市：五
南, 2018.09
　　面；　公分.

　ISBN 978-957-11-9823-1（平裝）

　1.都市發展

545.1　　　　　　　　　　　　107011759

4K1A

都市發展診斷與策略：運用中醫理論解決城市問題

作　　者 ─ 李淳一

發 行 人 ─ 楊榮川

總 經 理 ─ 楊士清

主　　編 ─ 侯家嵐

責任編輯 ─ 黃梓雯

文字校對 ─ 石曉蓉　黃志誠

封面設計 ─ 王麗娟

出 版 者 ─ 五南圖書出版股份有限公司

地　　址：106台北市大安區和平東路二段339號4樓

電　　話：(02)2705-5066　傳　　真：(02)2706-6100

網　　址：http://www.wunan.com.tw

電子郵件：wunan@wunan.com.tw

劃撥帳號：01068953

戶　　名：五南圖書出版股份有限公司

法律顧問　林勝安律師事務所　林勝安律師

出版日期　2018年 9 月初版一刷

定　　價　新臺幣320元